안흥산골에서 띄우는 편지

글·사진 박 도

안흥 산골에서 띄우는 편지

초판 1쇄 인쇄 2005. 3. 20.
초판 1쇄 발행 2005. 3. 25.

지은이	박 도
펴낸이	김경희
펴낸곳	(주)지식산업사
주 소	서울시 종로구 통의동 35-18
전 화	(02)734-1978(대)
팩 스	(02)720-7900
인터넷	한글문패 지식산업사
	영문문패 www.jisik.co.kr
전자우편	jsp@jisik.co.kr jisikco@chollian.net

등록번호 1-363
등록날짜 1969. 5. 8.

ⓒ 박 도, 2005
ISBN 89-423-7033-0 03810

책 값 9,500원

이 책을 읽고 저자에게 문의하고자 하는 이는
지식산업사 전자우편으로 연락 바랍니다.

안흥산골에서 띄우는 편지

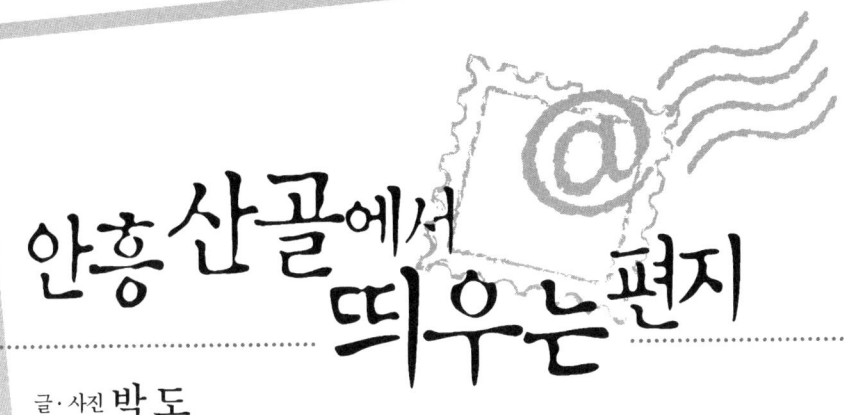

글·사진 **박도**

지식산업사

차 례

첫 번째 편지　　열심히 사는 사람은 다시 만나면 반갑습니다 / 9

두 번째 편지　　"땅도 뒤집어줘야 농작물이 잘 자란다" / 15

세 번째 편지　　간이 버스정류장에서 맺은 짧은 인연 / 19

네 번째 편지　　얼치기 농사꾼의 격양가 / 26

다섯 번째 편지　　씨앗 한두 알은 멧새에게 고수레하고 / 30

여섯 번째 편지　　이 세상에 쉬운 일은 없다 / 33

일곱 번째 편지　　토지의 신이여, 곡식의 신이여! 감사합니다 / 36

여덟 번째 편지　　지금은 부부 동업 시대 / 39

아홉 번째 편지　　감자꽃이 흐드러지게 핀 마을 / 43

열 번째 편지　　뿔을 바로 잡으려다가 소를 죽인다 / 47

열한 번째 편지　　잡초 속에 살다 / 51

열두 번째 편지　　고위층 아들부터 먼저 전쟁터로 보내라 / 54

열세 번째 편지　　횡성장 보리밥은 한 그릇에 2천원 / 60

열네 번째 편지　　좋은 정치, 잘하는 정치란 / 64

열다섯 번째 편지　　얼치기 농사꾼의 귀거래사 / 69

열여섯 번째 편지	호박꽃이 이렇게 아름다울 줄이야 / 74
열일곱 번째 편지	대학 평준화를 과감히 펼칠 때다 / 77
열여덟 번째 편지	어느 견공 부부의 아름다운 순애보 / 81
열아홉 번째 편지	두 요정과 보낸 어느 여름날 / 86
스무 번째 편지	오! 나의 태양 / 90
스물한 번째 편지	애비야, 너도 사느라고 욕본다 / 94
스물두 번째 편지	애국자 후손은 풍비박산, 친일파 후손 여야 대표 / 98
스물세 번째 편지	어느 한 기사도 쉽게 쓴 적은 없었다 / 104
스물네 번째 편지	"하느님! 감사합니다" / 109
스물다섯 번째 편지	우리 모두를 되살리는 고마운 향기 / 112
스물여섯 번째 편지	한바탕 춤추고 싶은 날 / 116
스물일곱 번째 편지	한우, 자연 그리고 웰빙(참살이)의 만남 / 119
스물여덟 번째 편지	친구와 함께 찾아온 행운에 웃다 / 124
스물아홉 번째 편지	"나는 못난이" / 130
서른 번째 편지	"시뻘건 난로를 뒤집어쓰고 싶더라" / 136

서른한 번째 편지	"이러다간 죽은 자가 산 자의 터전을 뺏을 수도" / *144*
서른두 번째 편지	여러분, 서점에서 만납시다 / *149*
서른세 번째 편지	우울한 날의 세 가지 일화 / *153*
서른네 번째 편지	나는 왜 보고 싶고 그리운 사람이 많을까 / *158*
서른다섯 번째 편지	더도 말고 덜도 말고 늘 한가위만 같아라 / *162*
서른여섯 번째 편지	고국의 가을 소식을 띄웁니다 / *167*
서른일곱 번째 편지	늦둥이의 슬픔 / *172*
서른여덟 번째 편지	쪽빛 바다가 바로 이 빛깔이오 / *176*
서른아홉 번째 편지	천연염색의 황홀한 빛깔 잔치(1) / *181*
마흔 번째 편지	천연염색의 황홀한 빛깔 잔치(2) / *185*
마흔한 번째 편지	천연염색의 황홀한 빛깔 잔치(3) / *189*
마흔두 번째 편지	'안흥찐빵' 잡수러 오십시오 / *193*
마흔세 번째 편지	광화문에서 만난 한 젊은 구두 수선공 / *199*
마흔네 번째 편지	가을에는 부지깽이도 덤벙인다 / *205*
마흔다섯 번째 편지	대학은 '고교등급제' 즉각 백지화하라 / *211*

마흔여섯 번째 편지	모든 자식들은 부모의 희생을 먹고 자란다 / *218*	
마흔일곱 번째 편지	서울깍쟁이 너는 아느냐, 군불 때는 재미를 / *223*	
마흔여덟 번째 편지	다람쥐와 보낸 어느 가을날 / *227*	
마흔아홉 번째 편지	그가 보고 싶다 / *232*	
쉰 번째 편지	아마도 세월이 약이었을 것이다 / *236*	
쉰한 번째 편지	떨잎처럼 지고 싶어라 / *240*	
쉰두 번째 편지	배추 한 포기에 담긴 사랑 / *246*	
쉰세 번째 편지	이젠 '사람의 새끼'도 시골로 / *251*	
쉰네 번째 편지	겨울은 비우고 사는 계절이 아닐까 / *256*	
쉰다섯 번째 편지	"농촌에 온 거 후회 안 합니다" / *260*	
쉰여섯 번째 편지	파묻힌 역사의 진실이 마침내 햇빛을 보다 / *268*	
쉰일곱 번째 편지	처갓집 말뚝 보고 절하는 신랑 / *273*	
쉰여덟 번째 편지	잔치 잔치 열렸네, 동네잔치 열렸네 / *277*	
쉰아홉 번째 편지	농사꾼 얼굴에 미소가 가득할 날은 언제일까 / *281*	
예순 번째 편지	댓글로 만난 어느 독자에게 띄우는 글 / *285*
군 말	한 모금 샘물로 목을 축일 수 있다면 / *291*
덧붙이는 글	안흥에 또 하나의 명품이 되기를(이창진 전 안흥면장) / *293*

열심히 사는 사람은 다시 만나면 반갑습니다*

텃밭을 가꾸고 군불을 지피는 나무꾼이 되고자 함

1952년 이른 봄, 여덟 살 먹은 까까머리 소년이 할아버지 손을 잡고 초등학교에 입학하여 중학교, 고등학교(4년), 대학을 17년 동안 다녔습니다. 그뒤 2년 4개월의 군복무를 마치자마자 중등 교사로 부임하여 오늘날까지 32년 하고도 8개월이 되었습니다.

제 생애에서 학교라는 울타리를 벗어난 적은 군복무 시절 뿐입니다. 저는 이제 온실과 같은 학교라는 사회를 떠납니다. 한 치 앞을 내다볼 수 없는 인생이지만, 저는 곧 서울을 떠나 강원도 횡성군 안흥 산골에서 텃밭을 일구는 농사꾼과, 뒷산에 가서 나무를 해서 군불을 지피는 나무꾼이 되려고 합니다.

필자의 새 보금자리인 안흥 산골 집. 다 쓰러져가는 집을 일으켜 세웠다.

*이 글은 2004년 3월 20일, 이대 강당에서 필자의 명예 퇴임식 때 학생들에게 남긴 말이다.

내가 20여 년 동안 봉직하면서 젊음을 보냈던 아담한 이대부속중고등학교, 지금은 이대부속중학교로 이대부속고등학교는 옛 금란중고등학교 건물로 옮겼다

사실 저는 조용히 이 학교를 떠나려고 했습니다. 여러분 대부분이 저를 잘 모르고, 저 또한 여러분을 잘 알지도 못하는데, 퇴임사라 하여 미사여구나 잔뜩 늘어놓고 떠나는 것은 옳지 않다는 생각이 들었기 때문입니다.

하지만 한편으로는 학교에서 베풀어주는 '퇴임예배' 자리를 굳이 피하는 것도 예의가 아닐 것 같아서 뒤늦게 이 자리에 섰습니다.

아무리 악한 사람이라도 죽을 때는 선한 말을 남긴다고 합니다. 어느 한 선생님이 학교를 떠나면서 마지막으로 남긴 말이 앞으로 여러분 삶에 조금이라도 도움이 된다면, 오늘 이 자리가 조금은 의의가 있을 듯합니다.

고교시절은 인생의 황금기

고교시절은 인생에서 가장 소중한 때입니다. 여러분의 인생은 대체로 이때 결정됩니다. 물론 그에 따른 노력이 끊임없이 뒤따라야 합니다.

저는 고교시절에 꼭 교사가 되고 싶었고, 바란대로 33년 동안 교사로 살았습니다. 저는 그 시절에 선생님들이나 친구들로부터 '작가', '시인'이라는 별명을 얻었습니다. 그래서 작가가 되려고 하였습니다. 하지만 그 길은 매우 험난해서 아주 늦깎이로 문단에 얼굴을 내밀고는 지금까지 10권의 책을 냈습니다.

저는 고교시절에 학생기자로 활동하기도 했으며, 집안 형편이 기울어서 신문배달도 하였습니다. 그때 저는 '지금은 비록 학생기자요, 신문배달을 하고 있지만, 언젠가는 언론사 기자나 사장이 되겠다'는 당찬 꿈도 꾸었습니다.

그 꿈 탓인지 정말 천만 뜻밖에도 늘그막에 기자(인터넷신문 《오마이뉴스》)가 되어, 여러 네티즌의 성원으로 지난 1월 31일부터 3월 17일까지 미국에 특파되었습니다. 주로 워싱턴에 머물면서 경비가 삼엄한 백악관 앞에서 "미국이여, 이제 두 동강난 내 조국 한반도를 통일시켜 달라"는 겁 없는 기사도 썼습니다. 이 모두가 고교 시절에 품었던 꿈 때문이 아닌가 생각합니다.

꿈을 지닌 인생은 아름답습니다. 이제 제가 정년을 5년 남기고 교단을 떠나는 것은 여러 이유도 있지만, 마지막 꿈을 이루고자 함입니다. 저는 시골생활을 하면서 많은 사람에게

싱그러운 젊음의 물결. 그들과 함께 보낸 33년은 아름다운 추억이다

감동과 용기를 주고, 그리고 새로운 인생의 의미를 찾게 하는 작품을 쓰고자 밤낮을 가리지 않을 겁니다.

지금 대한민국에서는 '진흙 밭에서 개들의 싸움'이 벌어지고 있습니다. 어떻게 하면 이 나라 이 겨레를 잘 이끌어가겠는가를 둘러싼 입씨름이 아니라, 누구 얼굴이 검냐고 서로 상대편 얼굴만 쳐다보고 싸우고 있습니다. 사실은 두 쪽 다 검은 데도 말입니다. 저도 한때는 내 얼굴이 검은지도 모르고 그들을 비난했습니다. 그런데 곰곰이 돌아보니 내 얼굴도 그들 못지않게 검었던 겁니다. 그리고 그런 사람들은 대부분 많이 배우고, 이른바 좋은 대학을 나온 이들이었습니다. 바로 우리 교육자들이 가르친 학생들이었습니다. 정말 부정부패로 얼룩진 이 나라는 우리 모두가 참회하고 나부터 실천하지 않는 한 구제 불능입니다.

제가 처음 이 학교에 왔을 때는 한 학년이 네 학급으로 이뤄진 작고 아담한, 가족과도 같은 학교였습니다. 그래서 학생 한 명 한 명 모르는 선생님이 없었고, 학생 또한 선생님을 다

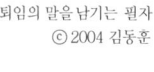

퇴임의 말을 남기는 필자
ⓒ 2004 김동훈

알고 지냈습니다.

지난해 가을 중간고사 때 시험 감독교사로 어느 교실에 들어서는데, 한 학생이 "선생님도 이 학교에 계시느냐?"고 물었습니다. 공장에서 제품이 쏟아지듯 학생을 길러내는 곳에서는 참다운 사람 교육을 할 수 없습니다.

'민주적인 학교'가 되기를

이제 교단을 떠나면서 이 학교가 더 작아지고, 학생들의 인격을 더 존중하고, 그들의 소질과 개성을 더 펼 수 있는, 진정으로 사람을 키워주는, 이름과 실제가 같은 '민주적인 학교'가 되기를 바랍니다. 학교가 민주화해야 사회도 나라도 민주적이 됩니다.

제가 이 학교에 올 때 20년만 버티자고 결심했는데, 27년을 지내고 떠납니다. 이 점에서 '이화학당'에 고마움을 느낍니다. 지난 학기에 퇴직하려 했는데 그때 소매를 잡아준 김규한 교장 선생님께도 감사드립니다.

그리고 "교사는 학생을 보고 사는 거다"라고 끝까지 교단에 남기를 바랐던, 나를 낳아주시고 길러주신 돌아가신 아버님 어머님, 그리고 무능한 남편을 곁에서 묵묵히 지켜봐 준 아내에게 감사드립니다.

27년 동안 이대부고에 재직하면서 저 개인적으로 변한 것은 거의 없습니다. 집도 그대로이고 재산 또한 한 푼도 불어나지 않았습니다. 엊그제 퇴직금이 제 계좌에 입금되어 아내가 결혼한 뒤 처음으로 통장으로 많은 돈이 들어왔다고 하여 함께 웃은 적이 있습니다.

이 자리를 빌려 졸업생과 학생 여러분에게 진심으로 사죄

여러분, 감사합니다 ⓒ 2004 김동훈

합니다. 저의 무능과 게으름으로 잘못 가르치고, 때로는 화를 내고 회초리를 들어서 여러분의 마음을 상하게 한 점, 두고두고 뉘우치겠습니다.

학생 여러분은 이 나라 이 겨레의 희망입니다. 여러분이 올곧게 자라서 이 나라의 큰 일꾼이 되기를 바랍니다.

열심히 사십시오!

"열심히 사는 사람은 다시 만나면 반갑습니다."

이 말은 제가 교단에서 제자들에게 늘 들려주었던 말로, 지난 일요일(3월 14일) 미국 로스앤젤레스 샌타모니카 바닷가에서, 졸업한 뒤 20여 년 만에 감동적으로 만난 제자들에게도 들려준 말입니다.

열심히 사는 사람은 다시 만나면 반갑습니다.

안녕히 계십시오.

2004년 3월 20일

박 도 올림

"땅도 뒤집어줘야 농작물이 잘 자란다"

묵은 밭을 갈아엎고 퇴비를 줘야

40여 년의 서울 생활을 접고 강원도 안흥 산골로 내려온 지 이제 열흘 조금 지났다. 그마저도 선산에 성묘도 하고 아우와 친구를 만난다고 2박 3일 동안 남도 여행까지 다녀왔으니, 온전히 이 마을에서 지낸 날은 겨우 일주일 남짓하다.

낯설고 물선 이 마을은 나와는 전혀 연(緣)이 없는 곳이다. 몇 해 전부터 아내가 여러 곳을 다니면서 우리 처지에 맞는 집을 구하다가, 앞으로 10년 동안을 거저 빌리다시피 살 수 있는 집을 용케도 찾아냈다. 폐가 직전의 집을 지난해 내내 아내가 손수 고쳐서 두 식구가 사는 데 불편함이 없도록 꾸며놓았다. 텔레비전이나 잡지에 나오는 전원주택이나 펜션과는 거리가 먼 아주 허름한 농가다.

산골에 온 이상 산골사람이 되어야 한다. 내 이웃에는 사촌 사이인 두 노씨 집이 있는데, 두 분 다 농사를 지으며 평생을 살아온 분들이다. 그래서 요즘 나는 그분들에게 많이 배우고 있다.

내 집에는 200평 남짓한 텃밭이 딸려 있는데, 올해 이곳에 뭘 심어야 할지 여태 결정을 못하고서 아내와 함께 탁상공론만 하고 있다. 옥수수, 고추, 감자…… 그리고 상추, 쑥갓, 들

텃밭에다 퇴비를 내다
ⓒ 2004 박소현

깨, 파 따위의 채소들을 조금씩 심어서 반찬으로 해결할 생각이다.

노씨는, 무엇을 심든지 해마다 묵은 밭을 갈아엎어야 농작물이 잘 자란다면서 밭을 갈기 전에 밑거름으로 퇴비를 듬뿍 뿌려 놓는 것이 좋다고 일러줬다. 그러면서 하는 말이, 내일 (15일) 국회의원 선거 날에 일찍 투표를 마치고 당신 밭을 트랙터로 갈아엎으려는데, 그참에 내 집 텃밭도 갈아줄 테니 농협에 가서 퇴비를 사다가 전날까지 밭에 뿌려두라고 했다.

그래서 어제(13일), 안흥 장도 구경할 겸 농협공판장에 가서 퇴비 다섯 부대를 사와서, 오늘 아침 텃밭에 나가 골고루 뿌려 놓았다. 그런데 이전까지만 해도 고약했던 퇴비 냄새가 오늘따라 그리 싫지 않았다. 그새 나도 반 농사꾼이 된 모양이다.

내일 땅을 갈아엎게 되면 노씨의 도움으로 텃밭에다 여러 작물을 길러 푸성귀 반찬도 하고, 고추나 옥수수는 서울에 사는 아이들에게도 보내야겠다.

사람도, 제도도 이따금 바꿔줘야

이런저런 생각을 하면서 퇴비를 뿌리고 있는데, 내 일하는 꼴이 영 마음에 들지 않았는지 아내는 "농사꾼답지 않다"며 "좀 더 진지한 자세로 일하라"고 잔소리를 늘어놓았다. 아무렴 하루아침에 익숙한 농사꾼이 되겠는가.

풋풋한 땅 냄새를 맡으면서 해마다 땅을 갈아엎어야 농작물이 잘 된다는 노씨의 말을 곱씹어 보았다. 그렇다. 해마다 땅을 뒤집고 또 새 흙으로 객토를 해야만 땅힘[地力]이 생겨서 충실한 곡식과 푸성귀를 얻을 수 있을 게다.

나라 정치도 마찬가지다. 가끔은 뒤집어줘야 세상이 건강할 텐데, 우리나라는 해방된 뒤로 한 번도 정치판을 제대로 뒤집어주지 않았다. 그새 한 차례 정권 교체를 했다고는 하지만, 호미로 깔짝거리는 데 지나지 않았다. 가래로 확 깊숙이 뒤집어야 그해 농작물이 땅 힘을 받아서 잘 자란다고 한다.

리영희 교수의 《새는 좌우의 날개로 난다》라는 책에서처럼, 이번 선거 이후 우리나라도 진보 정당이 의회에 진출해서 정치판이 좌우 균형을 가지고 비상(飛上)하기를 바란다. 민주주의가 발달한 나라일수록 보수와 진보가 절묘한 조화를 이뤄 국리민복(國利民福)을 추구하고 있다.

우리 정치가 여태 부정부패의 늪에서 벗어나지 못하는 것도, 친일파나 그 후손들이 지금껏 활개 치는 것도, 그동안 정치 발전이 지지부진한

도끼로 장작을 빼개다
ⓒ 2004 박소현

아궁이에 군불을 지피는 아내
ⓒ 2004 박소현

것도 사실은 보수 일변도의 정치구도 때문이었다. 사람도, 제도도 이따금 바꿔줘야만 살맛나는 세상이 될 것이다.

"땅도 뒤집어야 농작물이 잘 된다"라는 농사꾼의 말에는 이 세상을 살아가는 슬기로운 지혜가 담겨 있다. 진리는 먼 곳에 있는 게 아니다. 고매한 학자의 고상한 말보다 우매한 농사꾼의 경험에서 나온 우직한 말에 더 생생한 진리가 담겨 있기도 하다.

(2004/4/14)

간이 버스정류장에서 맺은 짧은 인연

나무도 어릴 때 옮겨 심어야

서울서 안흥으로 내려온 지 이제 한 달이 지났다. 나무도 어릴 때 옮겨 심어야 뿌리를 잘 내리는데, 곧 아궁이에 땔감으로 쓰일 고목을 먼 곳에다가 옮겨 심어서야 어디 제대로 뿌리를 내리겠는가.

아무튼 일단 이곳으로 내려온 이상 나는 하루 빨리 시골생활에 적응하려고 애쓰고 있다. 그러기 위해서 가장 먼저 버려야 할 것은 도시의 생활습관이요, 그리고 그곳의 사고방식이다. 하지만 그게 그리 쉽지 않다. 40여 년의 도시 생활을 하루 아침에 버리기란……

42번 국도 갓길에 있는 오원리 간이 버스정류장

며칠 전, 서울의 한 모임에서 '쫑파티'를 한다면서 회원인 나에게 참석 여부를 물어 왔다. 거리가 멀다는 핑계로 불참을 통보했으나 모임 전날 담당 직원이 손수 전화를 걸고는, 나의 참석 여부를 확인하기보다는 이런저런 안부 인사를 한 뒤 "그럼 선생님, 내일 사무실에서 뵙겠습니다" 하고 전화를 끊어버렸다. 내가 다시 그에게 전화를 걸어서 불참 통보를 하기에는 너무 몰인정한 사람 같아서 그냥 웃어 넘겼다.

여태 운전면허증이 없는 나는 혼자 움직이려면 대중교통을 이용해야 한다. 안흥과 서울은 교통이 불편하다. 안흥에서 동서울터미널로 바로 가는 직행버스는 하루에 다섯 차례뿐이다. 그걸 이용하지 않으려면 횡성 가는 버스를 타고 새말휴게소나 횡성터미널에 가서 서울 가는 버스로 갈아 타야 한다.

그래서 이곳에서 서울로 한번 나들이하려면 차 타는 시간만 왕복 대여섯 시간이고, 준비하고 기다리는 시간까지 셈하면 하루가 그냥 후딱 지나게 마련이다.

이튿날, 일부러 다른 일거리를 하나 더 만든 뒤 서울로 가서 '쫑파티'에 참석하고, 서울 집에서 하룻밤을 잤다. 다음날 일찌감치 용무를 마치고 동서울터미널로 갔더니 몇 분 차이로 그만 오후 1시 5분에 출발하는 버스를 놓치고 말았다.

다음 버스는 오후 5시 45분에 있기에 무려 네 시간은 더 기다려야 한다. 몇 번 이용했던 편법으로, 새말휴게소에서 쉬는 강릉행 버스 기사에게 부탁하여 그 버스에 올라탔다.

승객은 나까지 다섯 명으로 버스는 텅 비어 있었다. 더욱이 평일인데다가 낮 시간이라 고속도로도 시원하게 뚫려서, 버스 회사 쪽에는 미안했지만 한편으로는 기분 좋게 달렸다.

산과 들의 나무와 풀들이 봄을 맞아 초록의 풍성한 잔치를

원주~횡성~안흥을 오가는 시내버스

한바탕 걸쩍지근하게 베풀고 있었다. 달리는 버스 차창 밖으로 그 다채롭고 미묘한 초록의 빛깔을 마냥 즐기는데 차는 어느새 새말휴게소에 닿았다.

기사에게 고맙다는 인사말을 남기고 건너편 간이 시내버스정류장으로 갔다. 안흥~횡성~원주 사이를 오가는 시내버스는 하루에 열다섯 차례쯤 있는데, 평균 한 시간에 한 번 꼴이다.

중년의 한 퇴직교사

국도 갓길에 간이 버스정류장은 예쁘게 잘 지어놓았다. 그런데 정류장 안에는 아무리 살펴봐도 운행시간표가 없다. 한 30분 기다리면 탈 수 있으리라는 기대로, 최악의 경우 한 시간 기다릴 셈으로, 정류장에서 맥없이 버스를 기다렸다.

얼마나 지났을까? 승용차 한 대가 내게로 다가와서는 한 젊은이가 차창 너머로 치악산 가는 길을 물었다. 내가 지난해 여름에 한번 가본 적이 있는 치악산 강림 부곡지구 태종대를 떠올리면서 그곳을 가르쳐 주자, 방향이 같으면 함께 타고 가자고 했다. 그래서 나는 그의 차에 올랐다. 얼마 안 가서 도로 이정표에 치악산 구룡사 가는 길 표시가 나오자 그는 갑자기 그곳으로 가겠다고 했다. 그 바람에 나는 더는 같이 갈 수 없어서 차에서 내렸다.

내가 내린 곳은 버스정류장이 아니었다. 그래서 안흥 쪽 국도를 따라 오원리 간이정류장까지 터들터들 걸어갔다. 거기서 다시 안흥행 시내버스를 기다렸다. 그곳에도 버스 시간표가 붙어 있지 않았다.

족히 30분은 더 기다렸는데도 그때까지 버스는 오지 않았다. 마침 가방 속에는 지난번 미국에서 작성한 취재노트가 있어서 첫 장부터 끝 장까지 쭉 훑으면서 채 기사로 쓰지 못한 애기들을 죄다 머리속에 그려 보았다. 그런데도 여전히 버스는 오지 않았다.

정류장 의자에 앉아 한 눈을 팔기도 했지만, 이러다가 버스를 놓칠까봐 바깥으로 나와서 버스가 오는 쪽을 바라보며 갓길에서 기다렸다. 나중에야 안 사실이지만, 오전에는 배차 간격이 촘촘하고, 특히 오후 4시 전후의 배차 간격은 한 시간이 훨씬 넘었다.

한 시간은 더 기다렸을 게다. 나는 그때부터 국도에 꼬리를 물고 지나가는 차를 향해 손을 들었다. 어쩌면 차들은 하나같이 나를 못 본 척하면서 씽씽 달릴까.

앞으로 내가 운전면허증을 따서 차를 몬다면 시골길을 달리다가 손을 들고 있는 이를 되도록 태워야겠다는 생각도 했다. 10여 분 그러다가 손드는 일도 지쳤고, 한편으로는 창피스럽기도 해서 손을 내리려고 하는데, 하얀 승용차(매그너스)가 내 앞에서 멎었다. 운전자는 보조석의 물건들을 뒷좌석

매화산 고갯마루인 전재 표지

으로 옮긴 뒤 차 문을 열었다.

"어디까지 가세요?"

"안흥까지 갑니다."

"타십시오."

"감사합니다."

고마운 마음에 내 신분을 밝히자 그도 명함을 건네주면서 속내를 이야기했다. 그(고 아무개, 39)는 안양의 한 중등교사로 있다가 20일 전에 퇴직했다고 했다. 나도 한 달여 전에 퇴직했다고 했더니 같은 처지의 사람을 만났다며 반가워했다. 그런데 서른아홉의 한창 나이에 퇴직하게 된 그의 사연이 몹시 궁금했다.

아내를 위하여

"아내의 요양을 위해서……."

"네?!"

뜻밖의 대답에 나는 놀라면서 침묵했다. 그새 차는 매화산 전재(안흥면과 우천면의 경계에 있는 고개이름)를 매끄럽게 넘었다.

"어디 가는 길입니까?"

"강림면 월현리에 집을 짓고 있는데 거기 가는 길입니다."

그는 초면인 내게 쉽게 마음의 문을 열고 병중에 있는 아내 얘기를 꺼냈다.

그는 KT(옛 한국통신)에 다니는 아내 이 아무개 씨와 세 아이와 함께 단란하게 살고 있었는데, 지난해부터 아내가 쉬엄쉬엄 앓았다고 했다. 병원에 갔더니 뜻밖에도 뇌암으로 판명되어 입원하여 수술을 받은 뒤에, 하는 수 없이 퇴사하여 지금은 항암치료 중이라고 했다.

오늘도 아내를 서울 아산병원에 데리고 가서 MRI(자기공명 영상) 촬영을 마친 뒤, 다시 아내를 집에 데려다 주고 곧장 오는 길이라고 했다. 곧 내 집 동네에 다다랐다. 국도에 내려서 걸으려 하다가 그에게 제의했다.

"바쁘지 않다면 제 집에 가서 차 한 잔 하고 가시지요?"

그는 나를 끝까지 데려다 줄 양인지 쉽게 받아들였다.

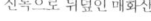
신록으로 뒤덮인 매화산

아내와 함께 내 집 찻상에 둘러앉아 차를 나누면서 그의 이야기를 마저 들었다. 그의 아내는 뇌암 수술을 받았지만, 뇌는 워낙 미세한 부분이라 종양을 모두 제거하지 못했다면서 공기 좋은 곳에서 무공해 자연식과 아울러 항암치료를 하려고 이곳에 오기로 결심했다고 했다.

아직 아이들도 어린 데다 앞으로는 일정한 수입도 없기에, 새 집에 민박을 하면서 생계를 해결하려고 한다면서, 아내에게는 황토 방을 꾸며주고 천연염색을 배워서 그 옷감으로 옷을 지어 입히고 싶다고 했다. 곁에서 듣고 있던 아내가 천연염색은 자기가 가르쳐 주겠다면서 그의 마음 씀씀이에 매우 감격해했다.

찻잔을 비우고 그는 떠났다. 나는 고마움의 표시로 내 책 두 권을 서명해 건네주자, 그는 정중히 받으며 아내와 함께 꼭 한번 들르겠다는 인사말을 남기고는 승용차를 타고 연기처럼 사라졌다.

그가 사라진 뒤 아내는 한마디 했다.

"그 젊은 사람의 아내사랑을 좀 배우세요."

가슴을 다친 멧새 한 마리가 훌쩍 날아간 듯, 그가 떠난 뒤 내내 내 마음이 애틋하게 아팠다. 머잖아 그의 아내가 건강해져서 네 사람이 함께 우리 집 찻상에 둘러앉아 웃으며 차를 마셨으면 좋겠다.

(2004/5/1)

얼치기 농사꾼의 격양가

봄과 가을이 짧은 산골마을

산골마을에는 봄과 가을이 짧다고 한다. 지금은 한창 봄꽃이 흐드러진 계절이지만 아직도 안흥 산골마을에는 아침이면 살얼음이 낀다.

아직 한 해를 살아보지 않아서 잘 모르겠지만 이 산골마을은 여름은 짧고 겨울은 엄청 길다고 한다. 지난 4월 15일, 밭을 갈아엎고는 아직 씨앗을 뿌리지는 않았다. 이웃 농사꾼 노씨의 말이, 여기는 다른 곳보다 보름이나 한 달 이상은 늦게 모종을 내거나 씨앗을 뿌려야 한다는 것이다.

아직 주소지를 안흥으로 옮기지 못해 지난번 총선거 날 서울에서 투표를 하고 그 이튿날 내려오는 길에, 밭에다 심을 요량으로 횡성 장에 들러 고구마 순을 샀다. 하지만 아직 밭에 내기가 이르다고 해서 뜰에 두었던 고구마가 그만 밤새 얼어 버렸다.

시골의 밭을 지나면서 유심히 보면, 요즘은 전국 어디나 죄다 밭두둑을 비닐로 덮고 거

밭두둑에 비닐을 씌우다
ⓒ 2004 박소현

기다가 구멍을 뚫고 씨앗을 심거나 모종을 내고 있다. 그 영문을 알아봤더니 비닐을 덮지 않으면 잡초 때문에 김매는 데 여간 힘들지 않다고 한다. 또 비닐을 덮으면 보온도 되고 가뭄도 덜 타기 때문에 이즈음에는 너나없이 모두 비닐을 씌운다고 한다.

내 집 텃밭이 얼마 안 되지만, 기왕에 농사를 짓기로 하였으니 격식을 갖춰 비닐을 덮기로 했다. 비닐 덮는 법을 노씨에게서 전수받고자 몇 날을 벼르다가 어제서야 서로 시간이 맞아 현장 실습을 마쳤다. 그리고 오늘은 아내와 함께 비닐을 덮기로 했다.

그런데 간밤에 딸, 아들이 왔다. 주말인 데다가 오늘이 '어버이날'이라서 온 모양이다. 서로 떨어져 있는 기간이 길수록 반가움도 큰 모양이다. 오랜만에 네 식구가 늦은 아침을 먹고서 혼자 밭에 나가 두둑에 비닐을 덮고 있는데 아들이 돕겠다며 나왔던 것이다.

밭고랑의 흙으로 비닐을 덮고자 괭이질하는 아들

부자가 같이 일을 하자 그렇게 좋을 수가 없었다. 나는 속으로 '애, 너 서울 가지 말고 그만 예서 우리랑 같이 지내자'고 그를 붙잡고 싶었다.

그러나 고쳐 생각하니 이 텃밭도 빌린 땅인데다, 내 땅 한 뼘도 없는 이 산골에서, 그것도 얼치기 신출내기 농사꾼이 농사를 짓는다고 해서 우리 네 식구의 생계를 어찌 이어가겠는가 싶었다.

그는 그가 가야 할 길이 있고, 나는 내가 가야 할 길이 있는
데, 내 욕심으로 어찌 그가 가는 길을 틀 수 있으랴.

새 노래는 공으로 들으랴오

몇 두둑에 비닐을 씌우자 허리도 아프고 게으름이 났다. 남
이 하는 일은 다 쉽게 보일지라도 막상 해 보면 세상에 쉬운
일은 하나도 없다. 고되게 농작물을 가꾸는 농사꾼들의 심정
을 조금은 헤아릴 수 있었다. 이렇게 애써 가꾼 농작물을 제
값이라도 받으면 그나마 다행이다.

큰 노씨의 말은 가뭄으로 또는 수해로 다 된 농사를 망치기
일쑤고, 반대로 풍작이라 하더라도 값이 폭락해서 품값도 나
오지 않아 수확도 않고 그대로 밭을 갈아엎기도 한다고 했다.
그래서 젊은이들이 모두 농촌을 떠나고 노인들만 남아 있나
보다.

내가 사는 동네의 세 가구도 모두 50대 이상의 중늙은이

옆집 농사꾼 노씨 부부

여섯 사람이 살고 있다. 나야 소일삼아 텃밭을 일구지만 큰 노씨는 농사에 생계를 걸고 있다(작은 노씨는 가축도 기르고 트럭으로 운송도 하고 다른 장사도 한다). 농촌에 젊은이와 아이들이 득시글거릴 때 나라가 균형 있게 발전하리라.

모처럼 쉬는 날 부모를 찾아온 아이에게 밭일만 시키는 게 미안하기도 해서 점심을 핑계로 일을 중단하고, 남은 일은 다음날 나 혼자 쉬엄쉬엄하기로 했다.

> 남으로 창을 내겠소.
> 밭이 한참갈이
>
> 괭이로 파고
> 호미론 김을 매지요.
>
> 구름이 꼬인다 갈 리 있소.
> 새 노래는 공으로 들으랴오.
>
> 강냉이가 익걸랑
> 함께 와 자셔도 좋소.
>
> 왜 사냐 건
> 웃지요.
>
> ― 김상용, 〈남으로 창을 내겠소〉 ―

(2004/5/8)

씨앗 한두 알은 멧새에게 고수레하고

멧새 소리에 잠이 깨다

우리 가요에 "비 오는 날은 공치는 날"이라는 노랫말이 있다. 그동안 교단에 섰던 나는 비 오는 날, 눈 오는 날, 바람 부는 날 등 날씨와 상관없이 수십 년을 살아왔다.

하지만 안흥으로 내려와서 얼치기 농사꾼이 된 뒤로는 '비 오는 날은 공치는 날'이 되고 있다. 지난 주말 두둑에 비닐을 덮다가 그만 두고 다음날로 미뤘는데, 이튿날도 그 다음날도 비가 계속 오는 바람에 내내 쉬었다.

그 다음날 오후, 잠시 날이 개기에 아내와 비닐을 마저 다 덮었다. 이제는 씨앗을 뿌리고 모종을 옮겨 심으려 하는데, 어제 온종일 또 비가 내려서 별 수 없이 쉬었다. 간밤 뉴스에 오늘은 날이 갠다기에 드디어 밭에다 씨앗을 뿌리고 모종을 내기로 작정했다.

새벽녘 멧새 소리에 잠이 깼다. 뒷산 숲에는 멧새들이 지천으로 많다. 이른 새벽이면 내 집 뒤꼍까지 내려와서 한참 지저귄다. 기분 좋은 기상 멜로디다. 그들의 지저귐을 내 멋대로 풀이해 본다.

"안녕하세요. 박도 씨, 저희들은 매화산 기슭에 사는 멧새랍니다. 먼저 서울에서 이곳으로 내려오신 거 축하드려요. 참

멧새들의 보금자리인 내 집 뒷산

잘 내려오셨습니다. 아무튼 저희들과 더불어 앞으로 잘 지내도록 해요. 그러기 위해서는 서로 상대를 존중하고 해치지 않아야겠죠. 박도 씨가 저희를 함께 살아가는 동무로 귀하게 대접해 주신다면 저희들은 날마다 밤낮 가리지 않고 아름다운 노래를 불러 드릴게요. 약속하시죠?"

"그럼. 걱정 붙들어 매둬, 귀여운 멧새들아. 너희들은 벌써 내 동무야."

거친 밥 먹고 물 마시고 ……

어릴 때 농사를 지어 보긴 했지만 대부분 어른들이 시키는 잔일(소치는 일이나 못줄 잡는 일 등)만 했다. 그리고 호박이나 상추 정도는 길러 봤어도 옥수수나 고구마 농사는 전혀 해본 적 없어서 식전 댓바람에 노씨네로 건너가 강습을 받았다.

노씨가 씨앗 뿌리는 요령을 한참 설명해 주고도 못미더운지 밭에까지 따라 나와서 시범을 보였다. 옥수수 씨앗을 심을 때는 포기와 포기 사이를 한 자쯤 띄우고 비닐 뚫은 구멍에 낟알을 서너 개씩 넣으라고 했다.

내가 "한 알만 넣지 왜 서너 개씩 넣느냐"고 물었더니, 멧새들이 내려와서 먹을지 모르니 서너 개씩 넣은 뒤 나중에 싹이 모두 나오면 그때 솎아 주면 된다고 했다.

농사꾼들은 한두 알 정도는 멧새에게 고수레할 작정으로 씨앗을 뿌리나 보다. 아닌 게 아니라 요즘 들어 앞 뒤 밭에 까투리와 장끼들이 산에서 내려와서 한바탕 노는 게 자주 눈에 띄고 그들의 노랫소리가 하루 종일 이어지곤 한다. 바야흐로 그들이 짝짓기 하는 사랑의 계절인가 보다.

아내는 서울에 볼 일이 있어 가고 혼자서 옥수수 씨앗을 세 두둑에 심고 강낭콩을 두 두둑 심었다. 지난번에 사두었던 고구마 순이 시들어 뿌리를 내리지 않을 것 같았다. 마침 안흥 장날이기도 해서 장터에 들러 새 순을 한 다발 사다가 네 두둑에 심었다.

호박 구덩이에 작은 노씨에게 얻은 모종을 내고, 장에서 사온 오이, 가지, 토마토 모종도 모두 내었다. "심은 대로 거둔다"고 했는데, 제대로 심기나 한 건지 모르겠다.

어느새 오후 네 시다. 몇 두둑 더 남았지만 내일 씨를 뿌려야겠다. 아내가 횡성 여성농업인센터에서 토종 콩 씨앗을 구해 왔다는데 그것도 함께 심어야겠다.

물을 데워 몸을 닦고 잠깐 눈을 붙인 뒤에 남은 하루는 글밭이나 갈아야겠다.

"거친 밥 먹고 물 마시고, 팔을 굽혀 베개 삼고 있어도 즐거움은 그 가운데 있다"는 옛 사람의 풍류를 흉내라도 내어 볼까나.

(2004/5/13)

이 세상에 쉬운 일은 없다

농사는 아무나 짓나?

비가 그친 다음날이 마침 안흥 장날이라서 고구마 순을 다시 사다가 곧장 텃밭에다 모종을 내었다. 앞집 노씨가 비닐이 덮인 두둑에 꼬챙이로 비스듬히 구멍을 낸 뒤 거기다가 고구마 순을 넣으면 된다고 했다.

그의 말대로 네 골을 심자 그새 날이 어둑해졌다. 이튿날 아침 텃밭에 나가 보니 어제 심은 고구마 순이 시들했다. 나는 속으로 '하룻밤 사이에 뿌리를 내릴 수 있나, 며칠 지나면 뿌리가 내리겠지'라고 생각하며 예사롭게 여겼다.

그날 해거름 때 다시 텃밭에 가 보니, 가지나 고추, 호박 모종은 다 괜찮은데 고구마 모종이 영 말이 아니었다.

시든 정도가 아니라 아주 곯아 죽기 일보 직전이었다. 옆집 작은 노씨 부인이 와서 하는 말이, 고구마는 모종을 내기 전에 물을 듬뿍 줘야 하고, 모종을 낸 뒤는 꼭꼭 다져야 하며, 둑을 흙으로 덮어줘야 한다고 했다.

그런데 나는 그렇게 하지 않았다. 꼬챙이로 낸 구멍에다 고구마 순을 넣고 살짝 누르기만 했다. 그냥 쉽게 뿌리를 내리려니 생각하고 대충 심었던 것이다. 곰곰이 생각할수록 내 처사가 몹시 미웠다.

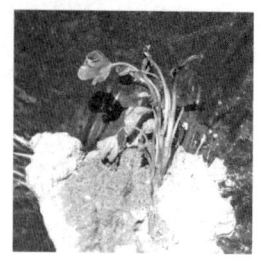

시들한 고구마 순

　시들시들한 고구마 순을 보니까 그만 미안해서 어디 쥐구멍이라도 있으면 들어가고 싶은 심정이었다. 말 못하는 생물이지만 고구마 순이 햇살에 얼마나 목마르고 내 일을 못마땅하게 여겼을까? 그야말로 백면서생이 뭘 안다고 농사일에 나서나?

　곁에서 지켜보던 아내가 한 소리 하고는 지금이라도 살리자고 했다. 앞집에서 물뿌리개를 빌려다가 고구마 순에 물을 주자 모종 낸 자리가 쑥 내려갔다. 거기다가 아내가 일일이 모종삽으로 흙을 북돋아 덮었다.

　며칠이 지났다. 옥수수도 콩도 대지를 뚫고 싹이 파릇하게 돋았다. 하지만 고구마 순은 여태 그날 그 모습이다. 한번 잘 못 낸 모종은 파릇파릇 살아나지 않았다. 두 노씨 부인은 곧 시들한 뿌리에서 새 순이 돋을 거라면서 좀더 느긋하게 기다리라고 했다.

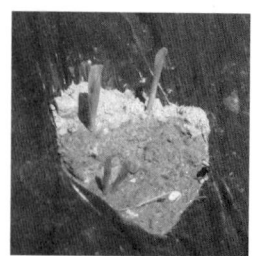

대지를 뚫고 나온 파릇한 옥수수 싹이 마냥 귀엽다

　흔히들 할 일 없으면 "땅이나 파먹겠다"고 한다. 농사일을 쉽고 대수롭지 않게 여기고 한 말이다. 그러나 내가 살아본 바로는 결코 이 세상에 쉬운 일은 하나도 없다는 거다. 남이 하는 일은 다 쉬워 보이지만 막상 해 보면 생각만큼 그렇게 쉽지 않다.

구절양장보다 더 험한 인생길

　오랫동안 야당생활을 하던 정치인이 집권을 대비해서 공부도 않고 비판만 하다가 막상 자신이 나라 살림을 맡은 뒤 시행착오로 나라 살림을 아주 엉망으로 망쳐놓은 일도 겪은 바 있다.

　무슨 일이든 처음부터 잘 하는 사람은 드물고, 그 일이 쉬워지려면 여러 차례 시행착오를 겪은 뒤 몸에 익어야 한다. 아니면 애초에 연습을 많이 하거나 철저하게 교육을 받는다면 시행착오를 줄일 수 있다.

나는 지난해 정초부터 《전원생활》이라는 잡지에 다달이 열심히 사는 사람들을 찾아서 그들의 이야기를 싣고 있다. 어떤 분야의 명인이나 대가들의 이야기를 들어 보면, 그들은 평생 같은 일을 해도 매번 쉽지 않다고 한다. 특히 생명을 다루는 일은 변화무쌍하기에 더욱더 그렇다고 한다.

> 풍파에 놀란 사공 배 팔아 말을 사니
> 구절양장이 물도곤 어려왜라
> 이 후란 배도 말도 말고 밭갈이만 하리라

조선 후기 때 장만이라는 가객이 '참된 삶'의 어려움을 노래한 시조 한 수다. 문인의 길도, 무인의 길도 어렵다는, 그래서 초야에서 밭갈이만 하겠다는 노래다. 그런데 밭갈이도 만만찮다.

밭갈이보다, 풍파나 구절양장보다 더 험한 게 인생길이다. 늘 겸손한 마음으로 조심하고, 선배들이 걸어간 길을 두 눈 부릅뜨고 보고 배워야 내 인생 길을 그나마 바로 걸을 수 있지 않을까?

시장에 그 흔한 고구마 한 알 농사도 나에게는 마냥 어렵기만 하다.

(2004/5/23)

토지의 신이여, 곡식의 신이여! 감사합니다

농사꾼의 마음

서울을 떠나 안흥 산골마을로 들어왔지만 나들이 갈 일이 꼬리를 물고 있다. 되도록 나들이를 삼가려고 하지만 40여 년 서울 생활의 연을 무 베듯 끊을 수가 없나 보다.

거기다가 매달 한두 차례 취재삼아 여행을 다니기에 아직은 겨울의 곰처럼 안흥 산골에 칩거하기는 이른가 보다. 하기는 갈 곳도 없고 불러주는 사람이 없다면 얼마나 쓸쓸할까?

안동 문화방송국에서 '8·15 특집' 다큐멘터리 제작으로 중국 요녕성, 길림성 일대의 항일유적지 취재에 동행을 청해 와서 함께 다녀오느라고 열흘 남짓 안흥 집을 비웠다. 답사

울안의 노란 꽃창포

여행 내내 얼치기 농사꾼은 텃밭에 심어놓은 작물들이 제대로 자라는지 궁금했다.

귀국한 뒤 인천공항에 내리자마자 아내에게 작물의 안부를 물었다. 모두 다 잘 자라고 있다고 했다. 애초에는 서울에서 며칠 머물면서 보고픈 사람도 만나고 미뤄둔 일도 하려고 했지만, 도착 이튿날 급한 일만 본 뒤 다음날 곧장 안흥으로 내려왔다.

그새 뿌리를 내린 듯 고구마 순이 싱싱하게 자라고 있다

짐도 풀기 전에 텃밭부터 갔다. 그새 시들시들하던 고구마 순이 싱싱하게 자라고 있는 게 아닌가. 고추도 콩도 파릇파릇하다.

옥수수도 한 자는 더 자랐다. 시금치, 상추, 열무, 배추도 모두 솎아 먹을 만큼 자라 있었다. 순간 토지의 신과 곡식의 신에게 고마운 마음을 가눌 길이 없었다.

옆집 노씨가 그랬다. 농사꾼들은 자기가 심은 작물이 자라는 걸 보면 마냥 즐겁다고. 그래서 농사를 짓는단다. 애써 가꾼 배추나 무가 제 값도 못 받고, 때로는 판로가 없어서 밭에서 썩히거나 트랙터로 갈아엎어도 이듬해 다시 씨를 부리는 것은 파릇파릇한 그 새싹을 보고자 함이라고.

얼른 옷을 갈아입고 상추며 쑥갓이며 열무를 솎아서 아내에게 갖다 줬더니, 이내 점심 밥상에 겉절이로 만들어 올려 놓았다. 겉절이 나물을 양푼에 가득 넣고 비벼 먹으니, 맛이 아주 고소

가지런히 자라는 고추

했다.

"시장에서 사 먹는 것보다 맛이 있네요."

아내는 몇 번이나 말했다.

"우리의 땀방울이 스민 거라서 그럴 거요."

화학비료도 농약도 치지 않은 무공해 남새들이다.

뒷산 뻐꾸기가 인사를 한다.

"먼길 잘 다녀오셨습니까?"

"그래, 잘들 있었니?"

그런데 울안의 노란 꽃창포가 아쉽게도 그새 절정의 순간을 훌쩍 지나 벌써 지고 있었다. 그 곁의 붓꽃만은 다행히 활짝 핀 채 집주인을 반겨 맞았다.

저에게 작물이 자라는 기쁨을 주신 토지의 신이여, 곡식의 신이여! 감사합니다. 이런 기쁨이 이 산골에 있음을 미처 몰랐습니다. 고맙습니다.

붓꽃

한 자는 더 자란 옥수수 (2004/6/10)

지금은 부부 동업 시대

마침내 소원을 이루다

나는 늘 널찍한 글방을 갖는 게 소원이었다. 그런데 30여 년을 14.7평 단독주택에서 살았으니 어찌 그 소원을 이룰 수 있었겠는가? 좁은 내 방이나 안방에서 밥상에 원고지를 펴 놓고 쓰다가 잠을 방해한다고 아내와 무척 다투기도 했다.

그동안 내가 쓴 작품의 산실은 학교, 그것도 주로 숙직실이나 교무실 내 자리였다. 거기서도 조용한 시간을 갖기 위해, 다른 이들이 모두 퇴근한 늦은 밤까지 남아 있거나, 일요일 또는 방학 기간에 학교에 갔다. 그래서 나는 다른 선생님들의 일직, 숙직도 숱하게 대신 해 주었다.

학교를 퇴직하고 안흥으로 내려온 뒤 마침내 소원을 이루게 되었다. 아래채에다 글방을 꾸민 것이다. 이 방은 원래는 소 외양간이었다는데, 전 주인이 화실로 꾸며 쓰던 곳이었다. 아내가 거기다가 손수 도배도 하고 새로 유리 창문도 내었다.

그 정도라도 감지덕지인데, 아내와 아들은 그동안 궁색하게 지

내 작품의 산실인 글방

원주 에이스 싱크 가구점의
김윤오,조경식 부부

낸 내 처지를 보상이라도 해 주려는 듯, 최신 노트북에다가 컴퓨터용 책걸상까지 최고급으로 맞춰 주었다. 책장은 널빤지와 각목을 사다가 내가 만들려고 했더니, 어느 날 내가 서울 나들이 간 새 아내가 원주의 한 가구점에 들러 맞춰 버렸던 것이다.

약속한 날 가구점 주인 내외가 트럭을 타고 와서 아주 익숙한 솜씨로 책장을 글방에다가 들여 놓았다. 나는 가구점 주인 아내의 재빠른 손놀림에 감탄했다. 남편이 드릴로 책장에 구멍을 뚫자 아내가 거기다가 나사못을 박는 솜씨가 여간 익숙하고 야문 게 아니었다. 팔뚝도 예사 가정주부와는 달리 굵고 억세 보였다.

가구점 주인이 말하길 "늘 같이 다니면서 아내가 보조 일을 해 준다"고 했다. 우선 한 사람의 인건비도 줄이고, 요즘은 이런 힘든 일을 배우려는 젊은이도 없기 때문이라는 것이다. 부부는 20여 분만에 일을 끝냈다. 나는 셈도 해 줄 겸 그들 부부와 함께 탁자에 둘러 앉아 차를 마시면서 이런저런 얘기를 나누었다.

　가구점 부부는 다섯 공주를 두었는데 요즘 한참 만만찮은 교육비 때문에 여간 고민이 아니라고 했다. 오래도록 부부가 같이 일을 하니까 이제는 서로 눈빛만 봐도 상대가 뭘 원하는지 안다면서 좋은 점이 많다고 했다. 내가, 설사 두 사람이 서로의 눈을 속여도 '주머니 돈이 쌈짓돈'이 아니냐고 했더니, 말인즉 옳다면서 함께 웃었다.

내 왕관보다 더 낫소

　요즘은 부부가 같은 일은 하는 현장을 많이 본다. 취재 여행을 다니다 보면 대부분 부부가 같이 일을 하고 있다. 몇 해 전 거문도에 갔더니 고기잡이배도 부부가 같이 타면서 그물을 함께 걷었다. 농사꾼도, 비단장사도, 심지어 도공도 부부가 같이 일을 했다. 지난날은 '부부유별'이라 하여, 돈 버는 바깥일은 대체로 지아비가 하고, 지어미는 살림만 전담했는데, 이제 그런 고정관념이 깨져가고 있다.

　옆집 작은 노씨는 트럭에 배추를 싣고 서울 가락시장에 운반하는 일을 하는데 꼭 옆 자리는 부인을 태우고 다닌다. 노씨는 그러면 안전 운행에 도움이 된다고 했다. 옆에서 부인이 말도 시키고 껌도 입에 넣어 주고, 길이 막힐 때는 말벗도 되어 주기에 아주 좋다고 했다. 부인의 말에 따르면, 남편 차를 타고 같이 다니면 힘은 들지만 안심이

함창 허씨 비단집 허호, 민숙희 부부

옆집 작은 노씨 노진한, 김인순 부부

된다고 했다. 음주 운전도 안 하게 되고, 기사들끼리 짬짬이 하는 고스톱 따위의 딴 짓을 예방해서 더욱 좋다고 했다.

여자들이 가사에서 해방되고 남자와 똑같이 경제 활동을 하는 게 남녀평등의 첫걸음이다. 곰곰이 따져보니 우리 집도 차츰 동업을 하고 있는 셈이다. 부부가 텃밭을 함께 일구고, 내가 도끼질한 땔감으로 아내는 군불을 지피며, 내가 취재 여행을 떠날 때면 아내의 차를 타고 함께 가기도 한다. 내가 취재한 것을 글로 쓰다가 노트에 빠트린 것을 아내에게 물으면 거의 다 기억하면서 가르쳐 준다. 글이 완성되면 때로는 감수도 받는데 아내의 평은 늘 짜다. 아내의 혹평을 듣고 고쳐 쓴 글은 대체로 독자의 반응이 좋다.

프랑스의 한 황제가 시골길을 달리다가 방앗간에서 수건을 뒤집어쓴 부부가 일하는 것을 보고 마차를 세우게 한 뒤, 그들 부부에게 다가가서 "그대의 먼지 묻은 수건이 내 왕관보다 더 낫소"라고 했다는 일화를 어느 책에서 읽은 적이 있다. 부부가 같은 일을 하는 가정이 많이 늘수록 우리 사회와 가정이 더 건강해지리라.

어모면 다남동 포도농원 이병일, 안점순 부부

(2004/6/18)

■ 아홉 번째 편지 ▮ 이웃 마을 나들이

감자꽃이 흐드러지게 핀 마을

끝내주도록 아름다운 우리나라 산하

내 집 앞길에는 이따금 차들이 지나다닌다. 마을사람들은 그 길을 따라 뒷산 고개를 넘으면 마을이 있다고 했다. 이곳에 온 뒤로 나는 그 너머에 어떤 마을이 있을까 늘 궁금했다.

마침 안흥 장터에 볼 일을 보고 돌아오는 길에 내 역마 끼를 아내에게 넌지시 알리자, 아내는 쉽사리 차머리를 뒷산 고갯마루로 돌렸다(나는 여태 운전면허증이 없다).

집에서 조금 달리자 낙엽송 숲길이 나오고, 잠시 뒤 고개를 넘자 곧 환상의 산마을이 나왔다. 사방을 둘러보자 신선이 사는 듯한 그림 같은 마을이었다. 내 눈에는 영화 《사운드 오브

낙엽송 숲길

마을 들머리의 장승

뮤직》에 나오는 스위스 산마을보다 이 마을이 더 아름다웠다.

그동안 나는 유럽의 여러 나라를 비롯하여 중국, 미국, 일본 등 세계 여러 곳을 다녀 보았지만, 우리 국토만큼 아기자기하고 아름다운 나라는 여태 보지 못했다. 정말 우리 산하는 끝내주도록 아름답다.

산길을 조금 더 달리자 마을 들머리를 알리는 장승이 서 있었다. 마을 이름이 '송한리' 라고 했다. 장승 옆 입간판에는 다음과 같이 기록돼 있다.

> 어서오세요. 우물가의 둥지처럼 포근한 쉼터가 있으며, 가마솥의 누룽지와 그 숭늉 맛을 풍기는 촛불의 심지 같은 마을 송한리입니다……
> 고향을 아끼는 순수한 농부들이 100여 가구가 오순도순 살던 기름진 곳이었으나, 1980년대 이농현상으로 농촌을 떠나 이제는 몇 가구만 남아 마을을 지키면서 고랭지 무, 배추, 감자 등의 농사를 지으며 살아가는 조용한 마을입니다.
> 저희 마을은 사람이 가장 살기 좋다는 해발 580~670미터의 지대로서 이곳을 다녀가면 가슴이 후련하고 살맛이 난다는 곳, 송한마을입니다.
>
> 송한리 주민 일동

한창 흐드러지게 핀 감자꽃

산비탈 밭에는 감자꽃이 한창 흐드러지게 피었다. 감자 꽃이 이토록 예쁠 줄은 미처 몰랐다. 차에서 내려 카메라 셔터를 마구 눌렀다. 이렇게 공기 좋고 경치 좋은 산동네를 두고 마을사람들은 어디로 갔을까. 대부분 도시로 갔을 테지.

그들은 허리가 휘도록 농사를 지어도 품값도 나오지 않아서, 아이들 교육을 남부럽지 않게 시키려고 한 집 두 집 떠난 게 이렇게 산마을을 텅 비게 만들었나 보다. 한동안 기웃거려도 사람이라고는 보이지 않았다.

산비탈 밭 감자는 봐주는 이도 없는데도 흐드러지게 꽃을 피웠고, 길섶의 개망초도 함초롬히 피어 있었다. 이상의 〈권태〉에서처럼 정말 "도둑이 이 마을에 와도 도심(盜心)을 잃어버릴 것" 같은 산마을을 한참동안 헤매도 누구 한 사람 맞아주는 이도, 개 짖는 소리도 없었다.

송한리에서 바라본 산하(1)

송한리에서 바라본 산하(2)

    나는 무주공산인 언저리 산을 한참이나 바라보면서 황홀경에 빠져 카메라에 담고는 발길을 돌렸다. 이 아름다운 산마을을 두고 왜 사람들은 좁은 저자거리에서 아귀다툼을 하면서 살아갈까?

(2004/6/20)

뿔을 바로 잡으려다가 소를 죽인다*

짜증나는 수도 이전 논쟁

장맛비가 오락가락 후덥지근한 가운데 연일 정치권에 짜증나는 논쟁이 거듭되기에 한 시골 서생이 붓을 들었다. 이미 30년 전에 한 차례 논란이 있었다가 폐기 처분된 수도 이전 문제가 또 다시 '뜨거운 감자'로 국론을 분열시키고 많은 백성들을 불안케 하고 있다.

서울이 이제 국제적인 도시로 세계인들의 사랑을 받으려는 즈음에, 인구가 과밀하다고 다른 곳에 옮기고자 하는 것은, 그 근본 원인은 수술하지 않고 그대로 봉합하려는 불성실한 의사의 처방 같아서 몹시 답답하다.

왜 수도권으로 인구가 집중하였는가? 그것은 사람들이 시골보다 서울서 사는 게 삶의 질이 더 높다고 여기기 때문일 게다. 자유민주주의 국가에서 거주 이전의 자유는 막을 수 없는 일로, 그동안 역대 정권들이 시골에서 꾸역꾸역 수도권으로 몰려든 인구 유입을 뻔히 보고도 막을 수 없었다.

지금 정부에서 추진하는 신행정수도 이전사업이, 수도권 인구 집중 문제와 국토의 불균형 발전에 대한 근본 해결책이라기보다는 한갓 미봉책으로 보이기에, 이 문제는 더욱더 신

---

*이 글은「신행정수도건설특별법」에 대해 헌법재판소가 '위헌' 판결을 내리기 전에 쓴 글입니다.

중히 결정해야 한다고 생각한다. 만일 섣부른 수도 이전으로 시행착오를 겪는다면 더 큰 혼란에 빠질 수 있기 때문이다.

우리나라의 수도 서울은 명산(도봉산, 북한산, 관악산)에 둘러싸이고 그 가운데를 한강과 같은 큰 강이 가로 지르는 세계에서 그 유례를 볼 수 없는 명당이요, 아름다운 도시다.

이렇게 아름다운 산과 큰 강이 흐르는 수도는 어느 나라에서도 세계에서 쉽게 찾아보기 힘들다. 이는 우리 서울의 축복이다. 서울은 인구 1천만 명이 몰려 살아도 큰 물 걱정이 없는 도시다. 우리 국토 어디를 봐도 이만한 조건의 지역은 없다고 해도 지나친 말이 아닐 게다.

또한 서울의 인구도 2000년을 정점으로 이제는 조금씩 줄어드는 추세다. 이런 때에 우리가 그동안 애써 가꾼 서울을 버리고 신행정수도를 정해 옮겨간다는 것은, 이제껏 쌓아올린 공든 탑을 우리 스스로 허무는 어리석음과 다름없다. 지금은 신행정수도 이전을 논하기보다는, 어떻게 하면 서울을 21세기형 도시로 다시 태어나게 할 것인가를 고민할 때다.

신행정수도 이전 추진 쪽의 주장은 수도 이전으로 서울은 더 쾌적한 도시로 발전시킨다고 하지만 그것은 한 치 앞도 내다보지 못한 단견이다. 입법·사법·행정의 3부 중요기관이 모두 신행정 수도로 옮겨가면 너도나도 그 쪽으로 몰려갈 것은 불을 보듯 뻔한 일이다. 그러면 현재의 수도권 일대는 공동화 현상의 심화로 큰 혼란, 아니 파탄이 일어날 것이다. 이로 경제 공황은 자칫 치유하기 힘든 상황이 될지도 모른다.

서울이 과밀하다고 그 해소책으로, 전 국토의 균형 발전을 위한다는 명목으로 신행정수도를 건설한다는 것은, 마치 "뿔을 바로 잡으려다가 소를 죽인다"는 옛말과 같다.

서울이 과밀하다면 그렇지 않게 하는 게 정치다. 서울에 사는 것보다 시골에 사는 게 더 낫다면 누가 굳이 공기 나쁘고 집값 비싼 서울로 몰려 들겠는가?

서울에 있는 중요 기관을 어느 한 지역에만 분산시키지 말고 전국에 골고루 분산시킨다든지, 서울에 집중된 권력 구조를 각 지방으로 하나하나 이양하면 저절로 국토가 균형 있게 발전할 것이다.

우리네 정치의 후진성은 집권자들이 내 임기 내에 가시적인 업적을 남기겠다는 욕심에서 비롯된 정책의 졸속성에 있다. 거기다가 선거 때마다 실현성 없는 공약 남발로 국토가 몸살을 앓고 있다. 새만금 사업이 그 단적인 예이다.

신행정수도 이전 문제는 어느 정권의 명운 문제가 아니라 우리 국운이 걸린 문제로 매우 신중하게 다가가야 한다. 이 문제는 통일 뒤도 내다보는 긴 안목으로 결정해야 할 국가천년의 대계다.

내가 사는 마을은 군데군데 폐가가 있으며 현재 마흔두 가구가 살고 있는데, 모두 1백여 명으로 대부분 나이가 쉰이 넘

시골의 폐가

은 사람들이다. 이런 마을에 젊은이들이 트랙터를 몰고 아이들 울음소리가 들리도록 정책을 펴준다면 수도 과밀화 문제도, 국토 균형발전 문제도 저절로 해결되리라.

모든 백성들이 내 눈 앞의 이익만 헤아리지 말고, 나라의 장래에 어느 것이 더 큰 이익인가를 냉철히 살펴본다면 신행정수도 이전 문제는 저절로 풀릴 것이다.

제발 뿔을 바로 잡으려다가 소를 죽이는 어리석음을 저지르지 말자.

(2004/6/21)

잡초 속에 살다

태풍 '디앤무'의 간접 영향으로 여러 날 비가 내렸다. 비가 그친 뒤 며칠 동안 병원에 다닌다고 텃밭을 둘러보지 못했다. 게다가 한국전쟁 사진첩《지울 수 없는 이미지》가 새로 나와서, 출판사며 방송국이며 이래저래 서울 나들이를 한답시고 한 열흘 남짓 텃밭 일에 소홀했다.

오늘 서울에서 돌아와 텃밭을 둘러보니 잡초가 말씀이 아니다. 그새 마당에도 잡초가 가득하다. 울 안팎 화초밭에도 잡초가 무성하다.

정말 잡초는 끈질기게 잘 자란다. 흔히들 폐허가 되거나 못 쓰게 될 때 "쑥대밭이 되다"라고 말하는데, 정말 며칠 새 쑥대밭이 되어 버린 것이다. 쑥은 생명력이 억세기도 하고 금세 자란다.

마당의 질경이를 뽑아주자 옆집 노씨가 와서 제초제를 뿌리면 금세 죽어버리니 농약상에 가서 한 병 사다가 뿌리라고 했다. 아내가 그 소리를 듣고 질겁했다. 제초제의 독성이 얼마나 강한데 그걸 마당에 뿌리느냐고.

콩 두둑 사이의 잡초

고구마 두둑 사이의 잡초

시골을 다녀보면 한 여름인데도 식물들이 누렇게 말라죽은 것을 더러 보는데, 그것은 대부분 제초제를 뿌린 탓이다. 지난해 충남 아산의 외암 민속마을에 취재 차 들렀는데 거기도 논두렁에 제초제를 뿌려서 아주 볼썽사나웠다. 내가 민속마을에 이 무슨 꼴불견이냐고 그 점을 지적하자, 마을 주민이 "풀 한 번 뽑아 보시오, 얼마나 힘드나?" 하고 반문했다.

내 집 마당의 풀만 해도 그렇다. 올 들어 서너 번은 더 뽑아 준 것 같은데 며칠만 지나면 또 새파랗게 돋아났다. 그래서 사람들이 일손도 딸리고 해서 가장 손쉬운 방법으로 제초제를 뿌리나 보다.

편하고 수월하면 반드시 그에 따른 부작용이 있게 마련이다. 이것이 세상의 만고불변의 진리다. 현대인은 너나없이 편하고 쉽게 살려고만 한다. 논밭의 잡초를 손으로 뽑아 주기보다는 제초제로 잡아 버린다. 그 제초제의 독성이 땅에 남아서 농작물로 옮아가고 그것이 다시 내 입으로 들어오는 줄도 모

고추 밭의 잡초

른 채 당장 편하고 쉽게 살려고만 한다.

  논밭의 잡초는 조금만 게을러도 금세 무성해진다. 눈에 보이는 논밭의 잡초만 그런 게 아니다. 눈에 보이지 않는 우리들 마음의 밭 잡초도 마찬가지다. 마음의 잡초가 무성해서 붓이나 혀로 차마 옮길 수 없는 일들이 날마다 벌어지고 있다.

  내일부터 당분간 글 쓰는 일도 중단하고 텃밭의 잡초부터 뽑은 다음, 마음 밭의 잡초도 다스려야 하지 않을까.

(2004/6/26)

고위층 아들부터 먼저 전쟁터로 보내라

누군가를 무작정 기다리는 일은 지루하고 따분하다. 아침부터 내내 손님을 기다렸다. 괜히 일손이 안 잡힌다. 들뜬 마음을 가라앉히려고 서가에 눈을 돌렸다. 마침 고종아우 김윤태 교수가 보낸 수필집《조지훈》이 눈에 띄어서 펼쳐들었다.

아우가 굳이 내게 이 책을 보낸 건 아마도 조지훈 선생이 형의 존경하는 스승인 줄 알았기 때문이리라. 책을 펼치자 대부분 내가 알고 있거나 이미 읽은 작품들인데 그 가운데 '사꾸라론' 이라는 글이 낯설어서 읽어 보았다.

나는 1965년에서 1966년 이태 동안 지훈 선생님께 배웠는데 그새 40년 세월이 흘렀다. 그런데도 책을 읽자 바로 앞에서 말씀하시는 듯, 선생님 모습이 눈에 선하다. '고인과 나누는 대화' 라고 하더니, 선생은 가셨지만 말씀은 그대로 남아서 생생히 들려온다.

나는 선생이 들려주신 동서고금을 꿰뚫는 무궁무진한 시론이나 동서양 학문 얘기보다, 파자놀이나 우스갯소리 또는 음담패설을 더 기억한다.

"달밤에 개가 징검다리를 건너는 글자는?"

"그럴 연(然) 자입니다."

"나무 위에서 '또 또 또' 나팔 부는 글자는?"

"뽕나무 상(桑) 자 입니다."

"그럼 사람이 외나무다리를 건너는 글자는?"

"모르겠습니다."

"그건 …… 한글 '스' 자다."

'사꾸라론'에서는 "골로 간다"와 "얌생이 몰다"의 어원을 풀이한다. 이 말은 둘 다 해방 뒤에 생겨난 것인데, '골로 간다'는 말은 '골짜기로 데리고 간다'는 말의 준말로, '말을 듣지 않거나 반대하면 쥐도 새도 모르게 골짜기로 데리고 가서 처형한 뒤 묻어 버린다'는 무서운 말이라고 했다.

'얌생이 몰다'는 말은 '의뭉한 농사꾼이 염소를 미군 부대로 들여보낸 뒤, 염소 찾으러 간다면서 부대에 들어가 염소를 찾는 척하다가 물건을 훔쳐 나온다'는 게 그 유래라고 했다.

말이란 그 시대상을 반영하기에 해방과 한국전쟁 그 무렵에는 그런 일들이 매우 흔했으니 그런 말이 유행이었나 보다. 그런데 '골로 간다'는 말을 새겨 보니, 참 무섭다는 생각이 들면서 갑자기 한 장면이 떠올랐다.

나는 지난 1월 31일부터 3월 12일까지 미국 메릴랜드 주 칼리지 파크에 머물면서 미 국립문서기록보관청(NARA)에 드나들었다. 거기서 백범 선생 암살 배후를 밝히려고 현대사 자료를 열람하던 가운데, 2월 5일 우리 일행을 안내하던 재미동포 이도영 박사께서 손수 NARA에서 발굴했다며 수십 장의 사진을 보여 주었다.

그 사진들은 1950년 4월 서울 근교 좌익 사범 처형 장면과, 1950년 7월 대전형무소 정치범 처형 장면, 1951년 4월 대구 부역자 처형 장면으로, 군인들이 좌익 사범이나 죄수들을 골짜기로 데려가서 처형하는 장면을 담고 있었다. 그 사진

한국전쟁 중, 대전형무소 정치범 처형장에서 한 사형수가 용케 살아서 카메라를 바라보고 있다. ⓒNARA

을 보는 순간 내 온몸은 전율했고 할 말을 잃었다.

그리고 2월 25일, 이도영 박사의 안내로 버지니아 주 남단의 노폭(Norfolk)에 있는 맥아더 기념관에 갔다. 거기서 서울 근교 좌익 사범 처형 장면 비디오와, 해방 뒤 좌익 사범들의 목을 자른 장면을 보았다. 이데올로기를 떠나 내 동족이 이민족의 입회 아래 저렇게 비참하게 죽어갔던가. 애통한 마음에 눈물이 주룩주룩 흘러 내렸다.

전쟁은 연극이나 영화가 아니다. 어떠한 명분으로도 전쟁을 정당화할 수 없다. 지금 우리는 젊은이들을 남의 나라 전쟁터에 내보내려고 한다. 내 나라를 지키는 일도 아닌데 남의 전쟁에 우리 젊은이를 내모는 일은 역사에 죄를 짓는 일이다.

맥아더 기념관

나는 1970년대 초, 전방에서 소총소대장(제26사단 73연대)을 하면서 많은 파월 귀국자를 소대원으로 전입 받았다. 그 무렵 화기소대 한 병사는 이따금 정신착란을 일으켰다. 그가 어느 날 한밤

중에 내게 와서는 자기가 죽인 월남인의 얼굴이 떠올라서 미칠 것만 같다고 했다. 전쟁터에서는 아무런 죄의식 없이 방아쇠를 당기고 화염방사기를 뿜었는데, 귀국한 다음 돌이켜보니, 전투수당 몇 푼에 애꿎은 사람을 죽인 자신이 천하에 몹쓸 짓을 했다며 매우 괴로워하는 것이었다.

그때도 그랬다. 월남파병의 명분으로 세계 평화를 들먹거렸다. 정말 파병을 하고 싶다면 대통령, 국무위원, 국회의원 자식부터 먼저 보내라. 제 자식을 보낼 수 없다면, 당신들이 몸소 가라.

(2004/6/30)

1951년 4월. 대구 근교의 부역 혐의자들이 아무 영문도 모른 채 삽을 들고 군인들을 따라 골짜기로 가고 있다
ⓒNARA

* 여기에 실린 사진들은 재미 사학자 이도영 박사가 NARA에서 발굴하여 필자에게 제공한 것입니다.

농사꾼들은 영문도 모른 채 구덩이를 파고 있다 ⓒNARA

미 고문관이 지켜보는 가운데 헌병들이 실탄을 장전하고 있다 ⓒNARA

부역자 농사꾼들은 체념한 듯 머리를 구덩이에 박고 있다. ⓒNARA

헌병들이 구덩이 속의 부역자에게 사격하고 있다 ⓒNARA

부역자들이 가져온 삽으로 헌병들이 구덩이를 메우고 있다 ⓒNARA

1950년. 4월. 서울 근교 좌익사범 처형 장면. 총살한 곳에 가서 확인 사살하고 있다. ⓒNARA

횡성장 보리밥은 한 그릇에 2천원

앵두 좀 따 잡수세요

글방에서 원고를 긁적이고 있는데 옆집 노씨가 왔다.

"선생님, 머리도 좀 식히고 제 집에 와서 앵두 좀 따 잡수세요."

나는 하던 일을 밀치고 옆집으로 건너갔다.

노씨 내외는 빨갛게 잘 익은 앵두를 따서 양은그릇에 담고 있었다. 앵두나무에는 새빨갛게 잘 익은 탐스러운 열매가 포도송이처럼 알알이 다닥다닥 붙어 있었다. 몇 알을 따서 맛을 보자 달콤새콤했다.

"앵두나무 우물가에 동네처녀 바람났네……."

탐스럽게 열린 새빨간 앵두

노랫말처럼 지난날 고향 마을 우물가나 울안에는 이런 앵두나무가 한두 그루씩 있어서 이맘때면 뽕나무밭 오디와 함께 아이들 군것질감으로 제격이었다. 백발이 희끗한 내가 다시 동심으로 돌아가 입이 붉도록 맛을 보고는 돌아왔다.

서울 같은 대도시의 사람들은 옆집에 누가 사는지 관심 없이 살지만, 아직도 산골은 '이웃사촌'이라 할만큼 이웃간 인정이 따습다. 내가 사는 마을은 세 집뿐인데, 바로 옆집의 작은 노씨는 가축을 많이 기르기에 이곳에서 좀 떨어진 축사에서 주로 지낸다. 그래서 이즈음에는 거의 당신 집을 비우기에 나머지 두 집은 여간 적적한 게 아니다. 그래서 틈만 나면 두 집은 서로 오간다. 그리고 노씨네는 뭐든지 생기면 우리 집에 가져다준다. 당신 밭에서 나는 무와 배추뿐 아니라, 비닐하우스에서 자라는 온갖 푸성귀를 틈만 나면 나른다.

어쩌다가 장에 가서 고등어라도 한 손 사면 한 토막을, 객지에 있는 아들이 빵이라도 사오면 한 조각을 싸서 옆집에 얼른 건네주고 간다. 정말 이웃을 위해 간이라도 내 줄 듯하다.

지난 달 내가 중국 항일유적 답사에서 돌아올 때, 가족을

횡성 장날 풍경. 요즘 장사꾼들은 허생원이나 조선달처럼 나귀를 몰고 다니지 않고 대신 봉고차에다 기성 옷들을 싣고 다닌다

푸성귀를 뜯어다가 장바닥에 늘어놓고 파는 할머니

위해서는 아무 것도 사오지 않았지만 옆집 노씨 형제에게는 담배 한 포를 사다 드렸다. 이것이 우리네 인정이다. 산골마을 사람들에게 의지할 거라곤 이웃밖에 없다. 사람이 귀하기 때문에 사람이 반갑고 그립다.

일전에는 노씨 부인이 식전 댓바람에 와서 오늘이 횡성장이니 장 구경도 할 겸, 장에 가자고 했다. 노씨네는 경운기만 있을 뿐 승용차가 없다. 집에서 기르는 개가 밥을 먹지 않아서 가축병원에 가서 약을 사다 줘야겠다고 했다. 마침 우리도 모종을 사려던 참이라 함께 아내 차를 타고 횡성 장에 갔다. 우리가 사는 안흥 장은 어딘가 고즈넉하지만, 1일과 6일에 열리는 횡성 장날은 아직도 많은 사람들로 복작거렸다.

산나물이나 텃밭 채소를 뜯어다가 파는 할머니, 온갖 잡곡을 펴 놓고 파는 장꾼, 고사리와 더덕을 캐다가 파는 이, 강아지, 고양이, 토끼를 파는 사람, 뻥튀기를 하는 이, 어물전을 펴 놓고 있는 상인, 허생원과 조선달의 후예들이 펼치는 포목가게와 옷가게들…….

횡성장에는 온갖 잡곡이 다 있다

산골마을에는 아직도 이웃이 있다

한 바퀴 돌고나자 그새 노씨 부인이 볼 일을 마치고 장바닥에서 마주쳤다.

"선생님, 제가 보리밥 대접하고 싶어요."

부인은 굳이 장터 한편에 차일을 친 밥집으로 끌었다. 대여섯 가지 나물 반찬에 나물국까지 나왔다. 한 그릇에 2천 원이었다.

한 그릇에 2천 원인 장터 밥집의 비빔밥

맛있게 먹은 뒤 내가 값을 치르자, 당신이 벼르던 밥값 치르는 일을 놓쳤다며 무척 서운해했다. 그래서 내가 앞으로 이웃에서 같이 살아가노라면 기회가 많을 거라는 말로 답하면서 장 본 것을 차에 싣고 집으로 돌아왔다.

"참 세상 좋아졌어요. 옛날에는 새벽밥 먹고 횡성 장에 가면 해거름 때에야 돌아왔는데……." 시집 온 뒤 평생을 이곳에서 산 노씨 부인은 또 옛날 얘기를 꺼냈다. 그러면서 우리 내외에게 한 동네에서 오래오래 함께 살자고 다짐하고 또 다짐한다.

풋풋한 햇고사리가 먹음직하다

산골에는 사람이 귀하다. 그래서 만나는 사람마다 반갑다. 그래서 산골마을에는 아직도 이웃이 있다.

(2004/7/4)

대기산에서 나는 더덕, 향이 그윽하다

"나를 데려가 주세요" 새 주인을 기다리는 어린 멍멍이들

좋은 정치, 잘하는 정치란

자식 버릇은 어릴 때 고쳐야

요즘은 일기예보 적중률이 매우 높지만 그래도 농사꾼이나 어부들은 아침에 일어나면 하늘부터 쳐다본다. 그리고는 그날 할 일을 시작한다.

오늘 아침은 아주 오랜만에 햇살이 비치는 쾌청한 날씨였다. 며칠 만에 보는 햇빛인지 반갑기 그지없었다. 그동안 태풍 '디앤무'다 '민들레'다 해서 보름 남짓 볕든 날이 별로 없었다. 간밤 일기예보에는 오늘 내일은 좀 맑고, 주말부터 본격적인 장마에 접어든다고 했다.

잡초를 뽑으려고 텃밭에 나갔더니 그새 엄청나게도 자라 있었다. 날이 개면 한다고 미루어 두었던 건데, 이렇게까지 자랄 줄이야……. 곡식이 잡초처럼 자란다면 농사꾼들은 얼마나 수월할까. 자식 버릇 길들이기도 어릴 때 해야 쉬운 법이다. 다 큰 자식 버릇 고치려면 아주 힘들거나 자식 놈이 튀기에 아예 포기해 버리곤 하는데, 잡초 뽑는 일도 마찬가지다.

옆집 노씨의 양배추, 시장에 내다 팔 때 제발 제 값을 받았으면 좋겠다

장마로 웃자란 잡초는 맨손으로는 뽑히지도 않고 호미로 매도 뽑히지 않으려고 안간힘을 쓴다. 저도 한 세상 보려고 났는데 사람들은 보는 족족 '잡초'라면서 뽑거나 제초제를 뿌려 대니, 그들 처지로는 얼마나 분통이 터지겠는가?

금세 비지땀이 겉옷까지 다 적셨다. 문득 돌아가신 할머니의 노고가 새삼스럽게 느껴졌다. 나는 한 마지기(2백 평) 남짓한 텃밭 하나에도 쩔쩔 매는데, 할머니는 스무 마지기 남짓한 밭농사를 거의 혼자 지으셨다. 거기에는 온갖 잡곡을 다 심으셨고, 삼이나 목화도 심어서 농한기에는 물레질을 하면서 삼베나 무명베도 숱하게 짜셨다.

할머니께서 늘 밭에 김매러 가지 않으시면 베틀에 앉아서 길쌈을 삼던 모습이 아직도 눈에 선하다. 이런 저런 생각으로 눈물인지 땀인지 눈시울을 적셨다.

나는 올해 텃밭에다 욕심 많게 여러 종류의 곡식과 채소를 심었다. 옥수수, 고구마, 고추를 비롯해, 콩류로는 토종 콩, 강낭콩, 검은 콩, 양대 등을 심었고, 거기다가 상추, 쑥갓, 파, 가지, 열무 따위를, 가장자리에는 더덕을, 그리고 집안 둘레에는 호박, 오이, 토마토, 수세미에다 수박과 참외까지 심었다. 그래 놓고는 이제와서 쩔쩔매고 있다. 경험도 없는 얼치기 농사꾼이 욕심을 부려도 너무 부렸다. 무식하면 용감하고 허욕도 많나 보다. 수박 참외는 아무래도 모종 값도 못할 것 같다.

그런데 토종 콩은 무척 웃자랐다. 벌써 허리 높이까지 고개를 내밀었다. 거기다가 장마에 쓰러진 놈이 반 이상이다. 옆집 노씨가 와서 콩 포기가 누워 버리면 나중에 콩이 열리지 않으니 웃자란 놈은 낫으로 콩잎과 줄기를 베어 줘야 한다며 시범까지 보이면서 가르쳐 줬다.

얼치기 농사꾼이 밑거름을 많이 줘서 웃자란 콩 포기

나는 노씨가 가르쳐 준 대로 콩잎을 낫으로 베 주면서 곰곰이 생각하니, 이른 봄에 밭갈이를 할 때 밑거름을 너무 많이 준 탓이 아닌가 싶었다. 콩이란 놈은 뿌리혹박테리아가 발달하여 거름을 주지 않아도 잘 자란다고 중학교 농업시간에 배운 게 이제야 생각이 났다.

그런데 장마나 바람이 불 때 가장 잘 쓰러지는 것은 웃자란 놈이다. 사람도 마찬가지다. 어릴 때부터 잔뜩 과외다 보충수업이다 자율학습이다 해서 온갖 오두방정을 떨면서 가르친 녀석이 다른 아이보다 웃자라서 부모 보기에는 잘 키운 듯이 보인다. 하지만 그 녀석은 조그마한 어려움만 닥쳐도 이내 좌절하거나 쉽게 포기해 버리곤 한다. 잡초처럼 억세게 자란 놈은 어떠한 어려움에도 오뚝이처럼 벌떡벌떡 일어난다.

세상의 모든 이치는 다 같다. 더욱이 생명체는 동물이건 식물이건, 고등이건 하등이건 그 자라는 이치는 다 같다. 내 자식이 다른 자식보다 공부를 잘 못한다고, 똑똑하지 못하다고 부모들이 속상해 할 필요가 없는 것이다.

잘하는 정치란 노력한 만큼 대가가 돌아오게 하는 것

그런데 아랫집 밭 배추는 그동안 잘 자랐는데 그제 사람들이 몰려들어 배추를 뽑고 있었다. 시장에 내다파는 줄 알았더니 그게 아니고 밭에다 거름이나 되게 썩힌다고 했다. 그 영문을 물었더니 비가 오다가 갑자기 날씨가 들면 배추 속에 물이 들어가 안에서부터 썩어서 상품으로서 가치를 잃게 된다고 했다.

봄부터 자식 키우듯 애써 가꾼 배추를 밭에다 썩히는 농사꾼의 속은 숯덩이처럼 탔을 게다. 씨앗 값에 비료 값, 농약 값, 품삯을 대느라 농협에서 농자금을 융자 받아서 애지중지 키워 놓은 것들을 밭에다 내버리는 농사꾼 심정을 그 누가 헤아리겠는가?

옆집 노씨도 지난해 무 농사를 잘 지어 놓고도 밭에다 썩혔다. 너나 할 것 없이 풍작이라서 서울 가지고 가 봐야 차 삯도 나오지 않기에 그런다고 했다.

농사꾼들은 풍작도 걱정, 흉작도 걱정이라고 했다. 풍작이면 값이 폭락이요, 흉작이면 값은 좋지만 내다 팔 농산물이

애써 가꾼 배추를 밭에다 썩히고 있다

없기 때문이라고 했다. 몇 해 실패를 거듭한 끝에 그래서 농사꾼은 땅을 버리고 도시로 떠나나 보다.

좋은 정치, 잘하는 정치란 뭘까? 농사꾼도 어민도 노력한 만큼 대가가 돌아오게 하는 게 아닐까. 그렇게 된다면 시골 사람들이 굳이 환경오염이 심한 대도시로 몰려들 까닭이 없다. 오히려 도시 사람들이 시골로 내려오려 할 것이다.

잡초를 뽑으면서 별별 생각을 다 해 보았다. 우선 무성해서 보기 흉한 몇 고랑의 잡초를 뽑자 온몸이 비를 맞은 듯 땀으로 범벅이 되었다. 산에서 내려오는 석간수에다 몸을 닦은 뒤 이 글밭을 갈고 있다.

(2004/7/6)

얼치기 농사꾼의 귀거래사

가야 할 때가 언제인가를
분명히 알고 가는 이의
뒷모습은 얼마나 아름다운가.

봄 한 철
격정을 인내한
나의 사랑은 지고 있다.

분분한 낙화······
결별이 이룩하는 축복에 싸여
지금은 가야 할 때

무성한 녹음과 그리고
머지않아 열매 맺는
가을을 향하여
나의 청춘은 꽃답게 죽는다.
························
························

— 이형기, 〈낙화〉 —

고교 동창의 전화

고교 동창이 손전화를 걸어왔다. 서울 집으로 여러 번 전화를 했으나 통화가 안 돼 수소문해서 간신히 손전화 번호를 알았다면서, 내가 서울을 떠나 강원도 산골에 살고 있다는 데 매우 놀라워했다.

그러면서 왜 명예퇴직을 하고 하필이면 고향도 아닌, 낯설고 물선 강원도 산골로 들어갔느냐고 몹시 꾸짖었다. 학교에서 사직 압력 때문이냐, 건강 때문이냐고 물었다. 그도 저도 아니고 내 자의로 그만 뒀다고 했더니 그는 내 처사를 도무지 이해할 수 없다고 했다.

사실 그 친구뿐만 아니라 내 언저리 사람들 가운데 열이면 여덟아홉은 명예퇴직을 말렸다. 네 나이에 직장에 다니는 것을 감사하게 생각하고 아무 소리 말고 정년까지 채우라는 것이었다. 사실 나도 퇴직 문제를 많이 고민했다. 젊은 날 한때 방황도 없지 않았지만, 그래도 건강에 큰 문제가 없는 한 정년에 퇴직하려 했었다.

그러다가 그 언제부터인가 적당한 때에 물러나는 게 좋겠다는 생각이 들었다. 그러면서 그만 둘 때를 기다렸다. 아이 둘이 모두 학업을 마칠 때, 둘을 모두 결혼시킨 뒤 ……. 그런데 자식 문제에 관한 한 부모 마음대로 되지 않는다.

아이들의 혼사문제가 오갈 때, '부모가 현직에 있는 게 좋다' 느니, '그래야 하객도 많다' 느니 그런 세속적인 말도 없지 않았다. 그런 저런 얘기에 귀 기울이다가는 정년 전에 그만 두기란 불가능할지도 모른다는 생각이 들었다.

집 뒤뜰에 함초롬히 핀 원추리

지금 내가 거처하고 있는 집의 안채

 나야 죽 평교사로 지냈지만, 언제인가 한 선배가 얼굴에 철판을 깔고 어떤 지위에 20년이나 죽치고 앉아 있자, 후배들이 그 밑에서 옴짝달싹 못하고 몇 년을 기다리다가 더는 견딜 수 없어 서로 치고 받는 것도 지켜본 적 있다.
 여객선이 암초에 부딪쳐 조난을 당해 구조선으로 옮겨 탔으나 정원 초과로 배가 가라앉을 때는 나이 든 사람이 젊은 사람을 위해 먼저 바다에 뛰어드는 게 바른 순서요, 그게 사람의 도리라고 나는 생각했다.

버려야 얻는 게 있다

 외환 위기가 있은 뒤 젊은이들의 실업 문제가 여간 심각하지 않다. 대학원을 나오고도 석·박사 학위를 가지고도 취업을 못해 아우성이요, 한창 일할 수 있는 유능한 청년들은 실업자 신세에서 잘 헤어나지 못 하고 있다.
 그런데도 미적거리고 있는 내 꼴을 보다 못해 아내가 먼저 용단을 내렸다. 산골에다 폐가 직전의 집을 얻어 손수 고쳐서 둥지를 틀었다.

올 봄 나는 정년을 꼭 5년 남기고, 마침내 퇴임하기로 마음 먹고 이 산마을로 내려왔다. 퇴임 송별연 때 앳된 한 여선생님이 내게 와서 선생님 덕분에 후임으로 교단에 서게 되었다고 감사의 인사를 했다. 나는 그 인사를 받고서 무척 기분이 좋았다.

내가 이곳에 내려와 사니까 곡해하는 분도 더러 있다. 집은 얼마에 샀느냐, 땅은 얼마나 샀느냐, 당신 사는 동네에 싼 땅이 있으면 연락해 달라는 둥, 그들은 우리 부부가 페인트 냄새가 더덕더덕 나는 산뜻한 전원주택이나, 요즘 한창 유행하는 펜션에서 땅값이나 오르기를 기다리며 사는 줄로 아는 모양이다. 하지만 우리 내외는 여태 그런 일과는 멀게 살아왔으며, 이 고장에서조차 내 땅 한 뼘 없이 살고 있다. 지금 살고 있는 집은 거저 빌리다시피 얻은 집으로(일년 사용료가 가을 추수 뒤 쌀 두 가마니 값이다), 10년 동안 구두 계약으로 살고 있다.

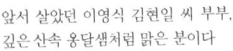
앞서 살았던 이영식 김현일 씨 부부. 깊은 산속 옹달샘처럼 맑은 분이다

원래 이 집은 민속학을 전공하며 강릉대학교에 출강하시는 이영식 씨와 그림을 그리는 김현일 씨 부부가 아이들과 함께 소꿉장난하듯이 살던 곳이다. 그러다가 아이들이 학교에 들어갈 나이가 되자, 초등학교와 가까운 곳(횡성)으로 이사를 가는 바람에, 아이들이 자랄 때까지 우리 내외에게 빌려준 집이다.

어느 스님은 "버려야 얻는 게 있다"고 말씀하셨다. 나는 그동안 도시에 살면서 자신도 모르게 문명 중독증 환자가 되어 있었다. 이제는 될 수 있으면 문명의 편리함을 버리고, 잃어버린 자연을 되찾고자 한다.

산골마을에 내려온 뒤 나는 도시적인 생각과 생활 방식을 버리려고 애쓰고 있다. 그래야 내가 이 마을에 오래 살 수 있고, 이곳 사람들이 당신네 이웃으로 대해 주리라.

(2004/7/11)

■ 열여섯 번째 편지 ‖ 호박꽃 예찬

호박꽃이 이렇게 아름다울 줄이야

지루한 장마였다. 사람이란 간사해서 가뭄이 계속될 때는 빗방울이 떨어지면 "빗님이 오신다"고 환호하지만, 그런 반가운 비가 사흘만 내리면 "이놈의 비 언제 그칠 거냐?"고 하늘을 쳐다보며 원망한다.

아직 먹구름이 다 걷힌 것은 아니지만 빗줄기가 멎었고, 일기예보에도 오늘로 사실상 장마가 끝난다고 했다. 내가 살고 있는 곳은 지대가 높아서 다행히 비 피해는 없었지만, 오랜 장마로 집 안팎이 눅진눅진하고 어수선하기 짝이 없다.

마당에서 물이 솟아 흐르는 바람에 집 안팎이 온통 질퍽질퍽하다. 텃밭에 나가자 그새 잡초가 제 세상이었던 양, 춤을 추고 있다. 마당과 텃밭의 잡초를 모두 다 매자면 한 사나흘은 더 걸릴 것 같다. 저걸 모두 매줘야 할지, 적당히 타협하면서 잡초와 더불어 살아야 할지 좀더 두고 봐야겠다.

그런데 잡초 속에 호박꽃이 활짝 웃고 있다. 가까이 가자 벌들이 이른 아침인데도 용케 날아와서 꽃가루를 먹느라 정신이 없었다. 열매를 맺기 위한 자연의 심

장마가 그치자 함초롬히 핀 호박꽃.
장마로 굶주린 벌들이 꽃가루를 먹는
데 여념이 없다

오한 조화를 지켜보면서 새삼 호박꽃의 아름다움에 매료되었다.

암꽃이 하나에 수꽃은 열 이상이다. 수꽃은 호박잎 사이로 뾰족이 올라와서 저마다 꽃잎을 벌린 채 벌과 나비를 불러 모은다. 그런데 암꽃은 호박잎 밑에 숨어서 잠깐 피워 수정을 마치면, 제 임무를 다했다는 듯이 얼른 꽃잎을 닫고 이내 시들어 버린다. 그래야 제 품위도 지키고 집안이 시끄럽지 않을 테니까. 대체로 시끄러운 집안은 밭이 다르거나 씨앗이 다른 경우가 많다.

암꽃, 수정이 끝나면 이내 꽃잎을 닫고 시들어버린다

흔히 사람들은 못 생긴 여자를 호박꽃에 견준다. '순호박'이니 '박호순'이니 하고 놀린다. 대부분 여성들은 자신의 외모에 신경을 쓰는 편이다. 심지어 자신의 외모를 비관해서 스스로 목숨을 끊는 어리석은 소녀도 있다.

취업을 앞둔 여성들이 시험공부보다 먼저 성형외과를 찾는 세태는 아직도 우리 사회에 겉으로 드러난 미모를 중시하는 경향이 강하기 때문일 테다.

그런데 아름다움은, 선천적으로 타고나기도 하지만 후천적으로 가꿔지기도 한다. 또 아름다움은 내면의 아름다움도 있고, 겉으로 드러나는 아름다움도 있다. 더할 수 없는 아름다움은 안팎이 모두 아름다운 것이겠지만, "물 좋고 정자 좋은 곳이 드물다"는 옛말처럼 그런 경우는 매우 적다.

그렇다면 겉이 아름다운 것보다 속이 아름다운 것이 더 나을 텐데도, 많은 사람들은 겉이 아름다운 것을 더 좋아한다. 겉만 번지르르하고 속이 형편없을 때 겉의 아름다움은 이내

며칠이 지나면 주먹보다 더 큰 탐스런 열매로 자란다

표독함으로 변한다.

이와 달리 속은 아름다우나 겉이 그만 못하다가 스스로 인격을 가다듬고 마음을 바로 쓰면, 겉이 날로 새로워지며 몰라보게 아름다워진다. 그러다가 나이 쉰, 예순을 넘어 버리면, 이제는 타고난 아름다움은 다 사라지고 가꾸어 온 아름다움만 남게 된다.

아름다움도, 인생도 그 후반이 더 중요하다. 스스로 못났다고 생각하는 사람도, 잘 났다고 으스대는 사람도, 후천적인 아름다움(인품)을 닦는 데 게으르지 말아야 한다. 어느 순간 내 얼굴이 세상에서 최고 미인이 될 수도, 천하의 추남 추녀도 될 수 있다.

오늘 아침, 잡초 속에 함초롬히 피어서 말없이 제 열매를 위해 정작 자신은 시들어 버리는 호박꽃의 어진 마음씨를 보면서, 이제까지 미처 몰랐던 호박꽃의 아름다운 덕성을 기려 본다.

(2004/7/18)

대학 평준화를 과감히 펼칠 때다

쇼팽의 〈야상곡〉을 듣다

하늘에는 구름이 잔뜩 끼어 있는 데다가 바람 한 점 없다. 후덥지근한 날씨다. 산골도 이렇게 무더운데 도시는 얼마나 무더우랴. 달력을 보니 초복이다. 거기다가 유 아무개의 엽기적인 살인사건으로 더욱 짜증나는 밤이다.

분위기를 바꾸려고 테이프 상자에서 쇼팽의 〈야상곡〉을 골라 듣는다. 해설에는 "감미로운 선율의 매력이 있는 곡", "꿈과 감미로움이 충만한 곡"이라고 씌어 있다. 아닌 게 아니라 듣고 보니, 한 여름 밤을 감미롭게 하는 매혹적인 선율이다.

우리의 현실이 이 음악처럼 아름다우면 얼마나 좋으랴. 하지만 우리의 현실은 오늘 날씨처럼 후덥지근한 열기 이상으

유럽여행 중에 만난 버스 기사 헬무트 씨(가운데). 그는 스위스 사람으로 자기 차를 애인이라고 했다. 왼쪽이 필자, 오른쪽이 여행사 직원 이규석 씨

로 짜증나게 한다.

지난 삶을 온통 학교 울타리에서 청소년들과 함께 살아온 나는 오늘날 많은 청소년들이 꿈을 잃고 있는 게 가장 가슴이 아프다. 학교도 사회도 중간 이하 꼴찌에게는 설 땅이 없다.

이 무더운 여름방학 중에도 '특기적성교육(보충수업)이다', '자율학습이다' 하여 자의보다는 타의로 학교에 가지만, 절반 이상의 학생은 자기가 가고 싶거나 부모가 원하는 대학에 진학할 희망이 보이지 않는다. 사실 인문계 고교만 졸업하고는 할 게 거의 없다. 이것저것 생각하면 골치 아프고, 아침에 일찍 나오다 보니 잠도 부족하여 엎드려 잔다.

교사도 처음에는 그 학생을 깨워보지만 지치고, 깨워놓으면 떠들거나 딴 짓하니까 자는 걸 못 본 척하는 경우도 있다. 교사와 학생이 자장가를 부르고 들으면서 학교생활을 하는 경우가 최근 몇 년 새 더 늘었다. 아까운 젊은 날의 시간을 낮잠으로 허송세월하는 일들이 고쳐지지 않고 있다.

인생에서 가장 소중한 시기를 절반 이상의 학생들이 무의미하게, 열등감으로 보내게 해서는 나라의 장래가 어둡다. 공부가 뒤쳐져도 다른 소질이나 적성으로 삶의 보람을 느끼고, 어느 직업에 종사하든 떳떳할 수 있는 사회 풍토가 마련되지 않으면, 사회 부적응 자나 불만 자가 속출하게 마련이다.

옆집의 노씨는 두 아들을 두었다는데, 자식들에게 농사일을 하나도 가르치지 않았다고 한다. 농사일이 얼마나 힘들고 사회적 대우를 받지 못했으면, 그 일에 자식이 아예 손도 못 대게 하였을까? 한편으로는 이해가 되지만, 농사꾼조차 제 자식이 농사꾼이 되지 않았으면 하는 현실은 잘못돼도 한참 잘못된 세태다.

꿈과 희망을 주는 교육

최근 몇 해 사이에 유럽 여러 나라와 미국, 일본 등 선진국을 돌아다녀 보았더니, 그들 나라는 무슨 일에 종사하든 자기 직업에 대한 긍지가 대단했다. 버스 기사건, 우동공장에서 밀가루를 반죽하건, 정육점에서 쇠고기를 썰건, 자기의 직업에 대한 긍지가 대단했다.

특히 유럽은 우리나라와 같은 대학 진학 열풍이 거의 없었다. 대학도 평준화였다. 대학이름보다 자기 전공에 따라 대학을 선택하고, 유명 교수의 강의를 듣고자 특정 대학에 진학하는 식이었다. 대학 진학률도 20퍼센트를 넘지 않았다. 청소년들은 거의가 직업학교로 진학하여 당당하게 직업인이 되었다. 네덜란드 같은 나라는 도시보다 농촌이 더 잘 사는 나라로, 우리나라와 같이 기형적인 도시 집중도 없었다.

모든 청소년에게 꿈과 희망을 주는 교육, 그것은 밝은 내일을 여는 지름길이다. 그러기 위해서는 사회나 국가가 전문기술자를 우대하고 학력간 직업간 임금 격차를 줄이며, 경쟁 일변도의 교육에서 인간이 중심이 되는 교육으로 일대 전환해야 한다.

그 현실적인 대안으로 대학의 평준화도 과감히 펼쳐볼 때다. 지금과 같이 전국의 대학이 한 줄로 서열화한 현실에서는, 그리고 대부분의 학생들이 대학을 졸업해야 사람대접을 받는 풍토에서는, 꿈과 희망 또는 자긍심을 갖는 젊은이보다 열등감과 좌절감에 빠진 이가 더 많게 마련이다.

일본 여행 중에 만난 호텔의 종업원들. 그들의 손님맞이 자세에 탄복했다

그리고 부모 잘 만나서, 온갖 탈법 과외로, 요행으로 이른바 명문대학 졸업장을 받아서 그걸 평생 우려먹는 풍토에서는 사회정의는커녕 학문의 발전도 기대할 수 없다.

오직 대학 진학이 인생의 목표요, 전부인 듯 변질된 풍토에서는 대다수 젊은이에게 '꿈과 희망을 가지라'는 말은 공염불에 지나지 않는다.

교육을 담당하고 정치를 하는 이는, 이제라도 청소년에게 꿈과 희망을 주는 교육을 펴야 한다. 그러기 위해서는 지금 우리나라 교육의 '코페르니쿠스적 전환'이 필요하다. 그래야 인간 중심의 교육으로 열등생 없는 사회를 만들 수 있다.

이 무더운 한 여름 밤, 무기력하게 지내고 있을 청소년들을 떠올리면서, 그들에게 강원 산골의 시원한 솔바람을 보내는 마음으로 이 글을 드린다.

대학 평준화가 하향 평준화 발상이라고 무조건 매도하지 말고, 한번 진지하게 검토해 보시라. 내 딸, 아들, 손녀, 손자의 족쇄를 풀어준다는 마음으로, 어른들은 기존의 생각을 바꿔 보시라. 망국적인 이상 교육 열풍과, 사람보다 학벌을 중시하는 생각을 바꾸지 않는 한, 대다수 젊은이에게 꿈과 희망을 줄 수 없다.

(2004/7/20)

어느 견공 부부의 아름다운 순애보

말복 날에 일어난 소동

오늘이 중복으로, 제 이름값을 하는지 올 들어 가장 무더운 날 같다. 아마도 어제 오늘은 숱한 견공들의 제삿날이었을 게다. 사람들이 더위에 지친 몸을 추스르는 데 멍멍탕보다 더 좋은 음식은 없다고 한다. 그래서 보신탕이라는 별칭까지 생겨난 모양이다. 하지만 나는 여태 그 맛을 모른다.

동서양을 가릴 것 없이 사람과 가장 가까이 지내는 동물은 견공들이 아닐까 싶다. 독일 사람들은 개를 너무 좋아하는 나머지, 아침 산책길에 이웃집 개를 흠 잡으면 그게 두 집 사이에 싸움으로 번질 만큼, 개는 가족의 일원으로 살고 있다.

가끔 해외 토픽을 보면 죽음 직전의 노인들이 자기가 데리고 살았던 개에게 유산을 물려준다는 얘기도 심심찮게 보도되곤 한다.

옆집 노씨네 부부는 농사꾼으로 주로 고랭지 배추와 무를 길러서 서울 가락시장에 내다 판다. 산골 밭에 배춧잎이 한창 좋을 때는 밤이면 노루나 멧돼지 또는 산토끼와 같은 산짐승들이 애써 가꾼 배추를 뜯어 먹기에 골치를 썩였다.

순애보의 주인공 흰발이(왼쪽)와 흰돌이

하루 이틀도 아니고 날마다 지킬 수도 없는 노릇이기에 오래 고심한 끝에 나온 발상이란, 바로 개를 그곳에다 묶어서 기르자는 것이었다. 그랬더니 과연 예상대로 한밤중에 산짐승이 얼씬도 않았다. 그래서 노씨는 배춧잎이 한창 무성할 때는 당신 개를 데려다 산골 밭둑에다가 묶어 놓고 길렀다. 마침 지난해 여름 방학 때 내가 이 마을에 와서 지낼 때였다.

그날이 지난해 말복이었는데 노씨 말이 이른 새벽 산골 밭에 개밥을 주러 갔다는 것이다. 그런데 암캐 흰돌이가 없어져서 온 마을을 뒤지고 다녔는데도 못 찾았다고 했다.

집으로 돌아와서 곰곰이 생각하니 남아 있는 수캐 흰발이조차 이 복날 누군가가 데리고 갈 것 같은 예감이 들었다고 했다. 그래서 그 길로 다시 산골 밭으로 갔더니, 없어졌던 흰돌이가 제 자리에서 당신을 보고 좋아서 펄쩍펄쩍 뛰더라고 했다. 아마 어느 개 도둑이 주인이 식전 댓바람부터 설치는 걸 보고 지레 겁을 먹었거나, 양심의 가책을 느껴서 도로 제 자리에 가져다 놓았나 보다고 추리했던 것이다. 개도 그날 자기가 용궁 갔다가 살아온 줄 아는 모양이라고 했다.

노씨 부부가 개 이야기를 감칠맛 나게 잘도 하거니와, 듣고 보니 재미도 있어서 곧장 개 두 마리를 데리고 산골 밭에 가보았다.

서울로 돌아간 뒤, 그 이야기를 한 편의 글로 써서 내가 연재하고 있는 《전원생활》 2003년 11월호와 《오마이뉴스》 2003년 9월 23일자에 "산골 배추밭을 지키는 흰돌이 이야기"라는 제목으로 실었다. 또한 학교의 주보에도 그 이야기를 실었더니, 동료 교사도 학생들도 모두 재미있어 하면서 개의 안부를 자주 물었다.

아내를 따라 죽은 수캐 이야기

두 달쯤 지난 뒤 내가 다시 안흥 마을로 내려오면서 곧장 노씨 집에 들러 개의 안부부터 물었다. 그런데 노씨 부부는 개 이야기에 풀이 죽어 있었다.

"선생님, 제 잘못으로 그만 다 잃어 버렸어요. 그렇잖아도 얼마 전에는 원주 방송국에서 면사무소로, 면에서 우리 집으로 그 개 이야기가 사실이면 방송하겠다고 문의까지 왔어요."

"네에?!"

"흰돌이란 놈이 새끼를 낳던 날이었어요. 초저녁부터 낳기 시작했는데 다섯 마리를 낳았을 때 마침 옆집 아우가 술 한 잔 하자고 오래요. 그래서 별일 있겠냐며 한 30분 다녀왔지요. 그런데 돌아와 보니 여섯 번째 놈이 거꾸로 나오다가 걸려버린 거예요. 어미가 안간 힘을 쓰다가 지쳐서 어미마저 숨을 거둔 거예요. 죽은 어미와 새끼까지 모두 아우에게 주면서 새끼 다섯 마리는 어떻게든 길러보라고 했어요. 그런데 그 옆에서 모든 걸 지켜보았던 수캐 흰발이란 놈이 그날부터 밥을 잘 먹지도 않고 시름시름 앓더니 그 놈마저 닷새 만에 죽어 버렸어요. 아우 집에 보낸 새끼 다섯 마리도 매일 한두 마리씩 모두 다 죽었어요. 참 개란 놈이 보통 영물이 아니더라구요. 술이 원수지요."

"……."

개집에는 개가 한 마리도 없었다. 노씨 부부는 졸지에 개 여덟 마리를 모두 잃어 버렸다. 그런데 신기한 일은 수캐 흰발이의 죽음이다. 암캐가 죽자 밥도 먹지 않고 시름시름 앓다가 암캐를 따라

새끼를 낳다가 죽은 흰돌이. 산골 배추밭을 지키고 있다

죽었다는 개 이야기는 내가 여태 처음 들었기 때문이다.

흔히 사람들은 정숙치 못하거나 부도덕한 짓을 할 때, 가장 많이 앞에다가 갖다 붙이는 동물이 바로 '개'다. 어린 시절 시골에서 자랄 때 이따금 암캐가 새끼를 낳으면 여러 색깔의 새끼를 낳기도 하는데, 그러면 어른들은 저 검은 강아지 애비는 앞집 검둥이요, 저 흰 놈 애비는 뒷집 흰둥이라고 했다.

아닌 게 아니라 학교 가는 길이나 돌아오는 길에 보면 암캐가 하루는 이 놈하고 짝짓기를 하고, 다음날에는 또 다른 녀석과 짝짓기를 하곤 했다. 암캐만 그런 게 아니라, 수캐도 마찬가지였다. 그래서 사람도 아무나 사귀고 파트너를 자주 바꾸면 앞에다가 개X라는 불명예스런 호칭을 붙인다.

하지만 여태 내가 가졌던 고정관념과는 달리 암캐를 따라 죽는 수캐의 그 순정이 사람보다 더 아름다운 부부애로 감동하지 않을 수 없었다. 그들 부부는 평생을 서로밖에 몰랐다. 긴 여름날 아무도 없는 산골에서 하루 종일 마주보면서 지냈다. 어쩌다가 주인이 와서 먹이를 주고 잠깐 목줄을 풀어줄 때 서로 만나서 사랑을 나누곤 했다.

애초에 다른 개를 넘볼 수도 없었다. 흰발이와 흰돌이는 오직 둘이서 고독한 나날을 보내면서, 마주 보고 대화를, 눈빛을, 사랑을 나누었다. 그래서 마침내 그들의 순수한 2세가 태어나는 날이 다가왔다.

초산이지만 아내는 새끼들을 쑥쑥 잘도 낳았다. 그런데 다섯 마리까지 순조롭게 낳던 아내가 여섯 마리째에서는 새끼가 자궁에서 나오지 못하자 살려 달라고 비명을 질렀다.

이를 지켜본 흰발이가 직접 가서 입으로 물어서 새끼를 꺼내고 싶었지만 주인이 목줄을 묶어 놓은 바람에 어쩔 도리가 없었다. 주인은 그런 것도 모르고 옆집에서 술만 들이켜고 있었으니…….

아내는 계속 죽는다고 비명을 지르다가 그만 지쳐 버렸는지 소리도 잦아들었다. 흰발이는 목줄을 잡아당겨 보았지만 제 목만 조일 뿐이었다.

"자칭 만물의 영장이라고 하는 사람들, 정말 너무하다. 저희들은 자식도 낳지 않나. 이럴 때라도 내 목줄을 좀 풀어 주면 안 되나?"

헐떡이던 아내가 흰눈을 뜬 채 다섯 새끼를 남긴 채 숨을 거뒀다. 그리고 하루에 한두 마리씩 새끼들이 "엄마 없는 세상이 싫어!" 하면서 어미를 따라갔다. 흰발이는 곰곰이 생각할수록 남편 노릇도, 애비 노릇도 못한 제 자신이 못내 원망스러웠을 게다.

"더 살아 봐야 사람들에게 개 취급밖에 더 받겠는가? 실컷 부려먹고 복날 개 패듯 두들겨 패서 죽일 테다. 그래 나도 순정파답게 죽자. 더 이상 열 받아서 못살겠다."

그리고 아내 흰돌이가 죽은 지 닷새 뒤, 흰발이는 아내를 따라 눈을 감은 것이다.

(2004/7/30)

■ 열아홉 번째 편지 ‖ 산골 마을에 찾아온 귀한 손님

두 요정과 보낸 어느 여름날

갑자기 나타난 요정

전국이 30도가 넘는 무더위가 일주일 이상 계속되고 있다. 이 산골 마을에도 숨이 가쁠 정도로 무더운데, 사람들이 많이 몰려 사는 도시야 말하여 무엇 하리오. 신문이나 방송에 나오는 말들을 보면, 요즘 날씨를 '불볕', '찜통', '가마솥', '한증막' 따위로 표현해서 더욱 이 더위를 짜증스럽게 하고 있다.

우리 속담에 "오뉴월 손님은 범보다 무섭다"고 했다. 이런 무더위 때는 누가 찾아오는 것도 싫고, 내가 남의 집 찾아가는 것도 삼가 한다.

매미가 제철인 듯 한껏 목청을 가다듬는 하오, 집 어귀에서 아이들의 목소리가 들렸다. 이 산골 마을에 웬 아이들의 소리일까? 하던 일을 멈추고 밖에 나가자 전 주인 이영식 김현일 씨 부부가 두 따님을 데리고 왔다. 큰 아이 경문 양은 초등학교 2학년이고, 작은 아이 기민 양은 일곱 살인데, 이 두 아이는 얼핏 쌍둥이 자매처럼 보이기도 한다.

그들 부부는 창고에 두고 간 짐에

무더운 여름날 하오에 찾아온 귀한 손님, 두 요정

서 찾을 것도 있고, 마침 아이들이 방학이라 자기들이 살던 집을 보고 싶다고 해서 데리고 왔다고 했다.

아이들은 그네들이 살았던 정든 집 곳곳을 훑어보면서 이전과는 달라진 곳도 갸웃거리다가 이내 마당의 꽃밭으로 갔다. 곧 지난날 자기들이 놀았던 습성대로 마당 한쪽의 클로버 꽃을 따서 꽃시계를 만들어 손목에다 찼다.

갑자기 집안에 생기가 돌았다. 옆집 노씨 아주머니도 아이들 소리를 듣고 곧장 달려와서 이들을 반겨 맞았다. 그러면서 이제는 사람 사는 동네 같다고 좋아했다. 천진난만한 아이들의 노는 모습을 보니 '오뉴월의 손님'이라기보다는 산에서 내려온 요정처럼 예쁘고 귀여웠다.

일찌감치 며느리나 사위를 본 친구들이 이즈음 손녀, 손자보는 재미가 쏠쏠하다고 하는 얘기가 빈 말이 아닐 듯했다. 부모의 은혜에 보답하는 길은 빨리 손자 손녀를 안겨드리는 일이라는 말도 틀린 말이 아닐 게다.

어린 시절은 시골에서 자라야

사실 내가 사는 동네뿐 아니라, 산골 마을에서 아이들을 보기가 매우 힘들다. 집집마다 노인들만 한둘 사는 집이 대부분이다. 어쩌다가 내 집에 놀러온 이도 노인이요, 논밭에 일하는 이도 노인들이다.

지난해 충남 아산시 배방면 중리 마을의 맹사성 고택에 갔을 때, 집을 지키는 종손은 당신이 예순 아홉인데도 동네에서 제일 젊다고 했다. 또한 내가 살고 있는 마을의 세 가구에 여섯이 사는데 모두 50대 이후다.

시골에 젊은이들이 드물다 보니 더욱이 아이들을 볼 수가

아버지가 채워준 클로버 꽃 손목시계

없다. 노씨 아주머니는 "마당 빨랫줄에 갓난애 기저귀 널린 걸 본 적이 한참 되었다"며 그새 달라진 세태를 푸념했다.

아닌 게 아니라 옛 어른들은 "아이들이 있어야 웃을 일이 있다"고 했는데, 마을에 아이들이 없으니 웃을 일도 별로 없는 그야말로 적막강산이다.

내 집 마당의 잡초도 아이들이 뛰놀면 이렇게 무성히 자라지 못할 텐데, 올 들어 세 번이나 뽑아줘도 며칠만 지나면 새파란 풀밭이라, 이즈음에는 내가 손들고 잡초와 더불어 살아가고 있다.

시골 인구, 특히 젊은이와 아이들이 격감하다 보니 마을에는 활기가 없고 문 닫는 초등학교들이 해마다 속출하고 있다. 현재 운영되는 시골 초등학교도 전교생이 20, 30년 전보다 25~30퍼센트 정도밖에 되지 않아서 온갖 특별 교실이 다 생겨났다. 그래도 학생들이 해마다 줄어서 곧 문을 닫아야 할 형편에 이른 학교가 꽤 된다고 한다.

언니가 만드는 꽃시계를 어깨너머로 보면서 배우는 기민 양

생각이 깊은 교육학자의 말을 빌리면, 유년 시절에는 아이들을 시골에서 자라게 해야 정서적으로나 인격 형성에서 훨씬 더 좋다고 한다. 그런데도 이런 말에는 전혀 귀 기울이지 않고, 요즘은 너도나도 도시로, 학원으로 내몬다. 그것도 부족하여 자녀교육을 위해 아버지만 남겨둔 채 엄마와 아이가 외국으로 가는 바람에 '기러기 아빠'라는 말까지 생겨났다.

내 아이가 콩나물시루와 같은 곳에서 치열

하게 경쟁해서 이기기만 바라고 있다. 그 경쟁에서 처지는 아이들은 도대체 어쩌란 말인지 모르겠다. 이런 교육 환경 때문에 차츰 인성이 고약해짐을 넘어서 이제는 살벌해지고 있다.

이 천진난만한 아이들이 뒷산에서 울리는 멧새나 매미 소리, 들판에서 울리는 개구리 소리를 듣고 자란다면 그 인성이 그처럼 살벌해질 수 있을까?

잘하는 정치란 뭘까? 도시에 사는 사람도, 바닷가에 사는 사람도, 산골 마을에 사는 사람도 손해 본다는 생각 없이 내가 사는 곳이 가장 살기 좋은 곳으로 알고 살아가게 하는 것이 아닐까.

두어 시간 내 집에서 머물다가 두 자매가 아버지 어머니 손에 이끌려 마을을 떠났다. 두 요정과 지내다가 보니 무더위도 깜빡 잊었다.

아이들이 없는 산골 마을은 다시 적막강산이 되었다. 다행히 뒷산 숲의 매미가 가는 여름이 아쉬운지, 아직도 짝을 못 찾았는지, 목청을 돋워 적막함을 달래주고 있다. 나는 잠시 요정에 홀린, 아름다운 선녀의 사라진 여운을 간직하면서 이 글밭을 갈고 있다.

(2004/8/4)

옛 집을 찾은 이영식 김현일 가족

오! 나의 태양

가을의 문턱에서

어제가 절기로 입추이고, 내일이 말복이다. 그러나 아직은 한낮뿐 아니라 아침나절의 뙤약볕도 만만치 않다. "이놈의 더위" 하고 짜증을 내다가도 한편 생각하면 더 없이 고마운 무더위다.

이런 무더위와 뙤약볕이 있기에 산과 들에는 오곡백과가 잘 자라고 열매가 충실히 여문다. 어제 올 들어 처음으로 포도를 맛보았더니 아주 달콤했다. 올해의 기후가 포도재배에 무척 좋았나 보다.

옛 어른들은 "들판의 곡식을 곳간에 넣기 전에는 풍년을 함부로 말하지 말라"고 했다. 그만큼 자연의 변화, 특히 기후는 변화무쌍하기에 곡식을 다 거둬들이기 전에는 섣불리 풍년을 예단하지 말라는 경계 말씀이리라.

무더위와 뙤약볕에 무럭무럭 자라는 수세미

하기는 그랬다. 내 어린 시절의 어느 해, 낙동강가의 우리 집 갯밭에 보리농사가 유난히도 잘 되었다. 하루는 보리를 추수할 일꾼을 사서 보리밭의 보리를 몽땅 다 벤 뒤에 보리 단을 밭둑에 세워두고 며칠 동안 말린 뒤에 거둬들이기로 했다.

그러나 웬걸, 그날 밤 장대비가 밤새 쏟아졌다. 그 무렵에 우리 고향마을에는 "안동 처녀가 강물에 오줌만 싸도 낙동강 강물이 넘친다"고 할 만큼 수해가 잦았다. 이튿날 강물이 넘쳐서 온통 개땅이 물에 잠겨 버렸다. 물이 빠진 뒤 갯밭에 가 보니 보리이삭 한 톨도 남김 없이 싹 다 떠내려가 버렸다.

아직은 올 가을 작황을 미리 말하기는 이르나, 내 예측으로는 오곡백과가 잘 여물고 특히 과일 맛이 어느 해보다 더 좋을 듯하다.

그 까닭은 올해 기후, 특히 비가 봄부터 순조롭게 내려서 '가물다'는 얘기가 거의 없었다. 또 장마가 일찌감치 알맞게 그쳐 줘서 일조량도 예년에 없이 많았다.

거기다가 무더운 날씨가 오래도록 계속되어 농작물이나 과수들이 열매가 영글기에는 아주 최적의 날씨였다. 다만 앞으로 심술궂은 태풍만 없기를 바란다.

사람들이란 몹시 간사해서 여름에는 더위에 비명을 지르고, 겨울이면 추위에 아우성을 친다. 조금만 덥거나 추운 날씨가 계속되면 몇 십 년 이래 가장 덥다고, 가장 춥다고 온통 매스컴마다 야단들이다. 하지만, 여름은 더워야 하고 겨울은 추워야 한다. 덥지 않은 여름도, 춥지 않은 겨울도 자연의 큰 재앙이다.

1980년 그해 여름은 덥지 않았다. 여름 내내 썰렁한 날씨가 계속되고 바다에는 냉수대를 이루어 고기조차 잡히지 않앉다.

그해 가을에도 일찌감치 한파가 몰아닥쳐서 농부들은 들판의 곡식을 거둬들여도 빈 쭉정이들뿐이라고 한숨을 지었다. 사람들은 그해 봄부터 불어 닥친 신군부의 피의 숙정 서슬이라고, 억울하게 죽은 광주의 원혼 때문이라고도 했다.

여름답고, 겨울다운 게 자연의 순리다

여름답고, 겨울다운 게 자연의 순리다. 여름은 더워야 곡식도 잘 여물고, 또 그래야 여름 장사도 잘 된다. 여름이 끝날 때쯤 얼음장사도 한 밑천 움켜쥐어야, 해수욕장 부근의 숙박업자도 주머니를 채워야, 긴 겨울을 날 수 있고 자식들도 공부시킬 수 있다.

겨울 또한 마찬가지다. 봄 여름 가을 겨울, 네 계절은 저마다 그 이름에 걸맞아야 한다. 우리나라는 이 네 계절의 변화가 뚜렷해 축복받은 나라다.

몇 해 전에 북유럽의 여러 나라에 갔더니 그곳은 여름이 몹시 짧고, 햇볕을 쬘 수 있는 날이 얼마 되지 않는다며 사람들이 웃통을 죄다 벗고 잔디밭에 누워 일광욕을 즐겼다. 그들에게는 잠깐의 여름 햇볕이 '오! 나의 태양' 이었다.

그새 온 밭고랑을 뒤덮은 고구마 순

이즈음 연일 계속되는 무더위와 뙤약볕도 그 실상을 알고 보면 하늘의 축복으로, 우리가 '찜통', '가마솥', '불볕' 이라고 짜증낼 게 아니라 감사해야 할 일이다. 이 무더위와 뙤약볕 아래 온갖 곡식과 과일들이 충실히 자라고 있다. 아마도 올 가을은 풍성한 계절이리라.

내 글방 창 밖으로 보이는 수세미가 아침 햇살을 듬뿍 받으며 살랑대는 바람이 흥에 겨운 듯 춤을 추고 있다. 하던 일을 밀치고 텃밭에 나가자 옥수수도 고추도 열매가 주렁주렁 달려서 여물고 있다. 올 봄에 시들시들 죽어가던 고구마순도 그새 하늘이 내린 비와 뜨거운 햇볕 덕분에 온 밭고랑을 덮고 있다.

텃밭에서 자연의 혜택에 감탄과 감사를 하는 사이, 아내는 아침을 짓고자 텃밭으로 나와 호박과 풋고추, 가지를 따 간다. 잠시 뒤면 저 푸성귀가 밥상에 올라올 테다.

이 무더위와 뙤약볕이 없다면, 어찌 우리에게 날마다 이 풍성한 싱그러운 먹을거리가 있겠는가? 감사합니다. 무더위여, 뙤약볕이여!

(2004/8/8)

옥수수가 뙤약볕에 한창 여물고 있다

고추가 주렁주렁 달렸다

애비야, 너도 사느라고 욕본다

"자식을 길러봐야 부모의 은공을 안다"고 한다. 말이나 글로 자식에 대한 부모의 사랑을 수백 번 이야기한들 귀담아 듣지 않는다. 나도 그랬으니 다른 이를 탓할 수는 없다.

지난 학기를 끝으로 교단생활을 접고 서울 집에는 딸 아들을 남겨둔 채, 아내와 함께 안흥으로 내려와서 단둘이 지내고 있다. 옛날 같으면 이미 자식들을 모두 여의었을 나이지만, 나는 결혼이 늦어서 자식도 늦게 둔 데다가 여태 맏이인 딸아이는 공부를 하고 있다. 둘째 아들 녀석은 지난해 졸업하여 직장에 다니고 있다.

지금껏 미혼인 아이들 때문에 시골 행을 많이 망설였는데 나보다 아내가 더 빨리 결단을 내렸다. 아내는 서양에서는 "18세만 되면 자식들을 자립시키는데 언제까지 아이들을 주리끼고 살 수는 없다", "요즘 아이들은 언제 결혼할지도 모르는데 무작정 기다릴 수 없다"면서 남매끼리 잘 꾸려 살 테니 걱정 말라면서 시골 행을 채근했다.

한편 생각하니까 나는 고교시절부터 서울에서 혼자 살았으며, 대학 때는 누이와 함께 자취하면서 살아오지 않았던가. 부모가 곁에서 온갖 시중을 들어주는 게 오히려 자식들의 빠른 자립을 막

젊은 날의 부모님

는 요인도 될 것 같아서 내 생각을 접었다.

시골에 내려온 뒤 문득문득 아이들 생각이 떠오를 때마다 잘 지내고 있는지 걱정이 된다. 이따금 수화기를 들고, "별 일 없느냐?"고 묻곤 한다. 주말이면 그들을 기다려 보지만, 뭔 일이 그리도 바쁜지 한 달에 한 번 정도만 다녀간다.

간밤에 아내 말이 이번 주말에는 아이들이 온다고 했다. 그래서 오늘 아침에 아들에게 전화를 걸었더니 오후에 내려오겠다고 했다. 가능하면 누나랑 같이 내려오라고 일렀다. 오늘 따라 마음이 뒤숭숭한 게 글이 통 써지지 않는다. 이런저런 생각을 하다가 아이들이 오면 삶아주려고 텃밭에 가서 옥수수를 땄다.

아내가 기왕이면 고구마도 몇 알 캐서 맛을 보이자고 해서 아직은 이르지만 고구마 순을 헤치고 호미로 두둑을 후볐다. 그런데 갑자기 왜 눈물이 쏟아지는 것일까? 아마도 내 부모님께 불효한 회한의 눈물이리라.

아이를 위하여 텃밭에서 마련한 옥수수와 고구마

곰곰이 생각할수록 나는 불효자였다. 학교 다닐 때는 그런대로 자주 다녔지만 교편을 잡고 결혼한 뒤로는 부산에 사셨던 아버지께 바쁘다는 구실로, 명절이면 차표를 구하지 못했다는 핑계로 자주 찾아뵙지 못했다.

어쩌다가 내가 집에 내려가면 아버지는 아들을 잡고 온갖 이야기를 다하셨다. 그때마다 여러 번 들은 이야기이고, 따분한 내용인지라 피곤하다는 핑계로 귀담아 듣지 않았다. 아버지는 모처럼 내려온 아들에게 자랑삼아 당신이 살아온 이야기를 하시기도 하고, 때로는 거래처에 데리고 가서 인사를 시키기도 했다.

  지금 돌이켜보니까 당신은 비록 헌 신문으로 배 봉지를 만들고, 고물상에서 주워온 자투리 종이로 꼬리표를 만들면서 살고 있지만, 그래도 내 아들은 '대학을 다니고 있다', '학교 선생님이다'는 말로, 거래처 사람들에게 자랑하고 싶었나 보다. 그래서 그동안 그들에게 무시당했던 스트레스도 조금은 풀고 자 했다. 그런데 아들은 자주 내려오지도 않고, 내려온 데도 아비 말을 귀담아 듣지 않았으니 얼마나 섭섭하셨을까?

  그렇게 다정다감하고 말씀 잘 하시던 아버지였건만 큰집(교도소)을 다녀오신 뒤부터는 통 말씀이 없으셨다. 드문드문 하신 말씀을 이어 보면, 수사관들이 어떻게나 잠을 안 재우고 고문을 하는지 "그놈들이 지쳐서 잘 때, 시뻘건 난로를 뒤집어쓰고 죽고 싶었다", "내가 죄 닦음을 했다"는 따위의 말씀들이었다. 그뒤로 거의 말문을 닫다시피 하시고는 붓을 잡으셨다.

  아버지가 그렸던 그림은 '설중마부(雪中馬夫)', '대춘록보(待春鹿譜)', '달마상(達磨像)' 등이었다. 눈보라를 헤치고 말을 모는 마부를 당신이라고, 눈 속의 사슴이 봄을 기다리는 그림에서는 사슴을 당신이라고 하셨다. 그러면서 눈은 '현실'이요, 봄은 '조국통일'이라고 말씀하셨다. 그런데 나는 그 그림에 찬사를 보내거나 아버지를 위로하기는커녕 모난 당신의 삶을 원망했다.

  이런저런 지난 일들을 곰삭히고 있는데, 아내가 텃밭으로 나와서 아직은 고구마를 캐기가 이르니 아이들이 잘 먹으면 그때 더 캐주자고 일렀다. 듣고 보니 아직은 씨알이 작았다. 아내는 막 딴 옥수수의 껍질을 벗기고 고구마를 닦아서 아아이들이 오면 바로 쪄줄 수 있게 솥에다가 앉혔다. 슬그머니 나는 글방으로 돌아와 이 글을 자판에 두드리면서 온통 귀를 길가의 자동차 소리에 쏟고 있다.

"애비야, 너도 사느라고 욕본다." 멀리서 아버지의 음성이 들리는 듯하다. 이 글을 막 마무리하려는데 그제야 아이에게서 전화가 왔다.

"저 지금 내려가는 중이예요."

"그래! 조심해라."

또 한번 눈물이 글썽거렸다.

'그래, 너희는 이 애비보다 낫다!'

(2004/8/14)

■ 스물두 번째 이야기 ‖ 왕산 후손들이 서로를 몰라본 사연

애국자 후손은 풍비박산, 친일파 후손 여야 대표

서로 혈육을 몰라보는 독립투사 후손들

지난 8월 16일 의병정신선양회(회장 윤병석, 전 인하대 사학과 교수)에서는 광복절 59주년 기념행사로 의병장 왕산 허위(許蔿, 1854~1908) 선생의 항일 전적지인 경기도 연천 일대와 남북분단의 현장인 휴전선 답사행사를 가졌다.

행사 첫머리에 망우리에 있는 '13도 창의군탑(十三道倡義軍塔)' 참배 의식이 있었다. 의병선양회 회원, 광복회 회원 그리고 독립유공자 후손들이 여럿이 모여 고개 숙여 왕산 선생을 기렸다.

이 모임에는 왕산 후손들도 참석하였는데, 국내에 살고 있

망우리 13도창의군탑을 참배하는 의병정신선양회원과 왕산 후손들

는 후손은 물론이고 마침 러시아에
서 광복절 해외동포 초청으로 잠깐
귀국한 왕산 선생의 증손녀 미라 씨
와 기라리이샤 씨도 참석하였다. 그
날 국내에서 참석한 왕산 선생의 후
손 가운데 몇몇은 러시아에서 온 후
손들과 초면이라 서로 알아보지 못
했다.

13도 창의군탑에서 처음 만나는 후손들. 왼쪽부터 러시아에서 온 왕산 증손녀 미라, 기라리이샤, 윤병석 회장, 외손 이항증, 권영조, 증손 허유, 증손부 이민 씨를 목다리 짚은 윤우 부회장이 울먹이며 서로 인사시키고 있다

그래서 이날 행사를 주관한 윤우 의병선양회 부회장이 후손들을 한 사람씩 소개시키면서 서로 인사를 하도록 했다. 윤 부회장은 "여러분, 이게 독립운동가 후손들의 현실입니다"고 말씀하면서 울먹였다.

사마귀가 수레를 막듯 일으킨 의병

왕산 선생께서 옥중에 있을 때 일본군 소장 아카시가 왕산 선생의 애국심에 감복하여 목숨만은 살리고자 회유하였다. 그러자 왕산 선생은 "일본이 한국을 보호한다고 부르짖는 것은 입뿐이고, 실상은 한국을 없애 버릴 계획을 품었기에, 우리들이 보고만 있을 수 없어, 사마귀가 수레를 막듯, 힘에 벅찬 의병을 일으킨 것이다"고 하였다.

아카시 소장이 "일본이 한국을 대하는 것은 병든 사람을 안마하는 것과 같다. 지체를 쓰다듬을 때 비록 한 차례 고통은 있어도, 마침내 병을 낫게 하는 것이다"고 하였다.

그러자 왕산 선생은 상 위에 있는 겉은 붉고 속은 푸른 연필을 가리키며 "이 연필은 언뜻 보면 붉은 빛인데, 안팎이 아울러 붉은 빛인가? 너희 나라가 한국을 대하는 것이 이와 같

대풍전망대에서 휴전선을 바라보는 왕산 후손들. 왼쪽부터 허벽, 허윤 증손 부부, 외증손녀 러시아 동포 기라리 이사, 외증손부 미라, 외손 권영조 씨

다"며 크게 꾸짖었다.

또 일본 심문관이 "의병에 앞장 선 자가 누구이며 대장이 누구인가"를 물었다. 이에 왕산 선생은 "앞장 선 자는 이토 히로부미요, 대장은 바로 나다"고 대답하면서, "이토 히로부미가 우리나라를 뒤엎지 않았더라면 의병이 일어나지 않았을 것이다. 그런 까닭에, 앞장 선 자가 이토 히로부미다"고 답하여 심문관의 말문을 닫게 하였다.

그해 10월 21일(음력 9월 27일) 정오 왕산 선생은 서대문 감옥이 생긴 뒤 최초로 교수대에 올랐다. 일본 스님이 주문을 외우며 명복을 빌자 "충의의 귀신은 저절로 하늘나라에 오른다. 설령 지옥에 떨어진들 어찌 너희들의 천도에 의지하겠는가?"라고 꾸짖었다. 그리고는 담담히 운명하셨다.

왕산의 옥사 뒤, 구미 임은동 허씨 일족들은 고향에서 일본 헌병과 순사 그리고 밀정들의 등쌀에 견디다 못해, 1915년 만주로 야반도주하다시피 망명길에 올랐다.

왕산 허위 의병부대의 주활동 무대인 연천 임진강

몇 해 전, 나는 당시 성균관대학교 동아시아연구소의 장세윤 교수와 함께 왕산 허위 선생의 임은동 생가와 그 후손들을 탐방하였다. 고향의 생가는 폐허가 된 채 대나무 몇 그루만 자라고 있었고, 임은 허씨 가문의 10여 가구 가운데 허호 씨 만이 홀로 고향땅을 지켰다. 만주로 망명했던 왕산 후손들은

러시아, 중국, 북한, 미국 등지로 뿔뿔이 흩어졌다고 했다.

몇 해 전에 나는 미국 휴스턴에 살고 있는 왕산의 손자 허도성 목사가 잠깐 귀국했다는 소식에 그분을 만났는데, 허 목사는, 임은 허씨 후손들이 그새 '일리야', '부로코피', '슈라', '나타샤'가 되었고, 당신 후손마저도 머잖아 '로버트 허', '벤허'가 될 판이라며 눈시울을 적셨다.

이날 망우리 '13도 창의군탑'에서 만난 왕산 증손자와 손녀들은 서로 말이 통하지 않아서 얼싸안고 눈물로 대화할 뿐이었다. 날마다 교통방송에 나오는 '왕산로'의 지명 유래를 제대로 아는 사람이 몇이나 되겠는가? 왕산 선생과 동향인 나도 중국에 가서 그 함자와 왕산로의 유래를 알았으니 다른 이를 탓할 생각은 조금도 없다.

다만 광복 60년이 다가오는 현 시점에도 여야 대표 자리를 공교롭게도 모두 친일파 후손이 차지하고 있다. 이것이 대한민국의 현주소인 것 같다. 엊그제 독립운동가 후손들의 어색한 상봉 장면이 자꾸 떠올라, 울고 싶은 마음을 이글에 담아보았다.

폐허가 된 구미시 임은동 왕산 생가 터

왕산 허위 선생

"겨레의 선각자요, 선비의 본보기며 광복투쟁의 등불"

다음의 글은 금오산 도립공원 들머리에 있는 〈왕산 허위 선생 유허비문〉으로 필자가 조금 다듬었다.

〈왕산 허위 선생 유허비문〉

왕산(旺山) 허위(許蔿) 선생은 1855년 경북 선산군 구미면 임은동에서 태어나신 분이다. 1896년 왜적은 날로 모진 이빨을 드러내 우리의 주권을 앗아가니 선생은 책을 덮고 선비의 매운 서슬을 떨쳤다.

그해 3월에 격문을 사방에 날려 의병을 일으키고 김천을 거쳐 서울을 향해 진격하였다. 그러나 의병의 깃발이 충청도 진천 땅에 이르렀을 때 뜻밖에도 해산하라는 고종 황제의 왕명을 받들게 되어 눈물을 머금고 군사를 흩었다.

1899년 평리원 재판장 의정부 참찬 등의 관직을 지내며 도도한 탁류 속의 한 가닥 맑은 샘으로 넘어져 가는 나라를 바로 세우고자 밝고 넓은 경륜을 펼쳤다. 그러나 기둥 하나로 쓰러져 가는 나라를 받치기에는 너무 기울어졌다.

왜적의 침략은 한층 심해지고 반역의 무리들이 더욱 날뛰니 다시 격문을 펴 그들을 꾸짖다가 왜병에게 잡히어 넉 달의 옥고를 치른 뒤 벼슬을 내던지니 1905년이다.

그뒤 선생은 경상, 충청, 전라, 세 땅이 맞닿는 삼도봉 아래 숨어서 각도의 지사들과 연락하며 새로운 무장 투쟁의 길을 찾았다.

1907년 나라의 심장부인 경기에서 두 번째 깃발을 들어 양주, 포천, 강화 등지를 달리며 적과 맞서 싸웠고, 온 나라에 흩어져 있는 의병들을 묶어 연합 진용을 만들고 선생은 그 군사장이 되었다. 적 침략의 거점인 통감부를 무찌르고 수도를 탈환하여 왜적의 세력을 이 땅에서 몰아내는 작전으로 서울을 향해 진격하였다.

그러나 다른 의병들이 약속한 시간에 닿지 못하자 선생이 몸소 300여 명의 결사대만 거느리고 동대문 밖(오늘날의 망우리)까지 쳐들어가 고군분투하다가 패퇴하였으니 나라의 아픔이요, 역사의 슬픔이다.

1908년 경기도 연천군 유동에서 왜병에게 잡히니 하늘은 정녕 이 나라를 버렸다는 말인가!

그해 10월 21일 54세를 일기로 서대문 옥에서 기어이 가시고 말았다. 선생은 겨레의 선각자요, 선비의 본보기며 광복 투쟁의 등불이요, 민족정기의 수호자다.

그 높은 뜻 금오산에 솟구치고
그 장한 길 낙동강에 굽이쳐
길이길이 이 땅에 푸르리라.

(2004/8/18)

어느 한 기사도 쉽게 쓴 적은 없었다

이틀에 한 번꼴로 기사를 쓰다

'염량세태(炎凉世態)'라 하더니 세상인심만 아니라 날씨마저도 급변한다. 엊그제까지 '불볕', '찜통', '가마솥', '한증막'이라는 말이 무색할 정도로 무더위가 기승을 부리더니, 이제 산골마을에는 군불을 지피고 자야 할 정도로 쌀쌀해졌다. 참 지난 여름은 지독히도 무더웠다.

그 무덥고 짜증나는 여름 내내 나는 《다시 항일유적지를 가다》라는 연재물에 매달려 피서 아닌 피서로 여름을 잘 보냈다. 그 연재물도 엊그제 모두 끝났다.

그동안 《오마이뉴스》에 실린 기사 목록보기를 열어보니까 이번 꼭지가 3백98번째 기사다. 그런데 애초 두 편의 기사가 기고로 처리돼 이 기사가 꼭 4백 번째 기사로 등록될 것이다. 기사현황을 보면 모두 4백7번의 기사를 보냈는데, 그 가운데 일곱 꼭지가 생나무(편집부가 정식 기사로 채택하지 않는 것을 일컫는 말)로 처리되었다.

아무튼 2002년 7월 8일, 첫 기사를 송고한 이래 오늘까지 2년 1개월 하고도 16일, 곧 7백76일이 지났는데 그새 4백여 꼭지의 기사를 썼으니 평균 이틀에 한 번꼴 이상으로 쓴 셈이다.

지난 3월 13일, 미국 로스앤젤레스의 한 한식집에서 우리 일행을 환영해 주는 동포들의 모임이 있었다.

그때 한 여성 동포가 애독자라면서 내게 악수를 청하고는 "박도 기자가 이렇게 나이 드신 줄 몰랐다"고 했다. 그러고는 곧 "인생은 60부터"라고 둘러대면서 나를 격려해 줬다. 그분은 나를 20, 30대 청년으로 알았나 보다.

그분뿐 아니라, 심지어 《오마이뉴스》 편집부 기자 가운데서도 나를 청년으로 알고 있다가 실물을 보고 몹시 실망한(?) 분도 있다고 들었다. 학교의 학생들도 "선생님도 기자예요?"라며 믿어지지 않는 듯이 물어왔다.

인터넷신문의 시민기자라고 하면 흔히들 젊고 역동적인 사람으로 여기는 터에, 반백의 골동품이 끼어 있자 그들에게 '쌀에 뉘'처럼 보였는지도, 또 한편으로는 저 나이에도 기사를 왕성하게 쓸 수 있다는 희망을 준지도 모르겠다.

아무튼 지난 2년 남짓 동안 참으로 열심히, 줄기차게 기사를 썼다. 그 때문에 뜻하지 않는 일들도 벌어졌다. 태어나서 처음으로 모금 운동에 앞장서서 4천여 만 원의 성금도 모았고, 취재 차 미국, 일본, 중국 등 세 나라를 다녀오기도 했다. 모두가 네티즌의 성원 덕분이었다.

가장 열정적으로 기사를 쓴 때는 워싱턴에 머물었던 기간으로, 모텔 방이 기사 작성 실이었다. 하루 일과가 끝나고 숙소로 돌아오면 먼저 그날 찍은 사진부터 노트북에 옮겼다. 그런 다음 기사작성을 하고, 다시 사진을 편집하여 서울 본사로 송고했다.

그러면 자정을 넘기기 일쑤였다. 낮에는 국립 문서기록보관청에서 주로 사진 고르는 일을 하고 밤에는 기사 작성으로

일본 아오모리현 도와다 호반 가마쿠라(눈 집)에서 제자 김자경 씨(일본 관광진흥청 정보계장)와 함께

밤잠을 설치기 일쑤였지만, 많은 독자들이 댓글로 격려를 해주셔서 피곤한 줄도 몰랐다.

나를 잘 모르는 분들은 내가 기사를 매우 쉽게 쓰는 줄로 아신다. 그런데 나는 어느 한 기사도 쉽게 써 본 적이 없다.

아무리 빨라야 서너 시간이고, 어떤 기사는 2, 3일 걸리기도 한다. 또 한 기사는 보통 이삼십 번, 심한 경우는 오륙십 번 손이 간다. 이렇게 다듬고 확인해도 잘못이나 오자가 나와서 독자들의 따가운 지적을 받을 때는 쥐구멍이라도 찾고 싶은 심정이다.

현대인의 한 특징이요, 사이버 공간의 큰 단점인 메마른 인간관계를 되살리는 뜻에서 나는 기사 행간 곳곳에 사랑과 인정을 담으려고 무척 애썼다. 그리고 비록 내가 쓴 기사가 불특정 다수에게 보내는 글일지언정, 그래도 마치 졸업생 제자에게나 까마득한 후배에게 들려주는 이야기처럼 진술하고 정성을 담아 띄우려고 노력했다.

인터넷신문은 쌍방 의사소통이라는 특성과 매력이 있다

인터넷 기사의 특성은 기자와 독자 사이의 쌍방 의사소통에 그 특성과 매력이 있다. 내가 심혈을 기울여 고심해서 쓴 기사는 용케 독자들이 알아주고 과분하게 격려를 보내주기에 보람을 느낄 때가 많다. 반대로 어떤 기사에는 온갖 비난이 쏟아져서 괜히 썼다고 후회할 때도 더러 있다.

비난이 쏟아지는 기사를 잘 분석해 보면 내게 약이 되는 경우가 많다. 기사 내용이 부실하거나 은연중에 제 자랑을 하거나 고루한 생각을 드러내면 독자들은 강하게 질타한다.

2003년 2월 2일자 '유럽의 천국과 지옥'이라는 기사에서 "여자 특히, 아내는 부드럽고 상냥하며 순종해야 한다. 남편에게 매사 이론적으로 꼬치꼬치 따지고 대들면 가정은 지상의 천국이 아닌 지옥일 테다"라는 문장에 발끈한 몇몇 독자들은 나의 사과를 받아내고자 끈질기게 댓글을 달았다.

인터넷 신문의 독자는 시공을 초월하여 전 세계에 퍼져 있다. 기자는 기사를 쓸 때 전문성과 정확성을 갖춰 써야지 적당하게 쓰다가는 망신당하게 된다.

한번은 일본기행을 연재할 때 "기장은 '지금 아키타행 대한항공 769편은 1만 피트 상공을 시속 895km로 공해 상을 날고 있습니다'라고 기내 방송을 했다"고 썼더니 "동해 상공 고도 1만 피트? 1만 미터? 확인 바람"이라는 '조종사'의 댓글을 받았다.

곧장 대한항공 조종사 대기실에 확인해 본 결과 독자의 의견이 맞아서 '1만 미터 동해 상공'으로 고친 적도 있다. 또 일본 교토의 니조조에 은각사 사진을 잘못 올려 현지 동포로부터 호된 질책을 받아 얼굴을 붉히며 수정하기도 했다.

그뒤로는 기사를 송고하기 전에 확인하고 다시 확인하지만 그래도 잘못을 저지른다. 그럴 때 아주 고마운 독자는 댓글로 호되게 꾸짖지 않고 쪽지보내기로 넌지시 가르쳐 주시는 분도 있다. 그저 고마울 따름이다.

그동안 내 경험으로는 네티즌들은 잘난 척하거나 부정확하거나 많이 아는 체하거나 고루한 훈계조 기사에는 대침으로 망신을 시키니, 앞으로 기사를 쓰고자 하는 분은 이런 점

백두산 장백(비룡)폭포에서

에 각별히 유의해야 할 것 같다.

《오마이뉴스》기자가 된 지 2년 남짓, 4백 꼭지의 기사를 쓰면서 지난날을 돌이켜 보니, 참 주책없이 많이 썼다는 자괴감도 들지만, 더불어 즐거운 시간도 많이 가졌다는 것에 큰 보람을 느낀다.

이제는 나이에 걸맞게 드문드문 지난 삶을 돌이켜보는 좀더 깊이 있는 기사를 써야겠다고 다짐하지만, 세상일이란 내 맘대로 되지 않기에 독자들께 약속하기보다는 내 생각을 드러내는 것으로 이 글을 마무리할까 한다.

네티즌 여러분! 그동안 사랑과 채찍을 주시고 성원해 주셔서 감사합니다.

(2004/8/24)

"하느님! 감사합니다"

자연은 거짓이 없다

"자연은 거짓이 없다"고 하더니, 봄이 지나면 여름이 오고, 여름이 지나면 가을이 틀림없이 온다.

며칠 전부터 아궁이에 군불을 지피고 잔다. 풀벌레들이 가는 여름이 아쉬운 듯, 한층 더 요란하게 목청을 돋우고 있다.

37년 동안 태우던 담배도 단 칼에 끊어보니까 보름에서 한 달 사이가 가장 힘들더니, 30여 년 동안 눈만 뜨면 학교에 가던 출퇴근 생활이 하루아침에 바뀌고, 40여 년 동안 살아왔던 서울생활을 딱 자르고 이 산골마을로 내려온 지 5개월인, 요즘이 무척 힘들다.

생활도 나태해지고 글밭 가꾸는 일도 생각처럼 잘 되지 않는다. 이럴 때는 어디론가 훌쩍 떠났으면 좋으련만……. 그것도 마음대로 잘 되지 않는다. 텅 빈 집에 우두커니 앉아서 아테네 올림픽 중계방송을 맥없이 보고 있는데 뜻밖에도 멀리서 처제와 처조카가 찾아왔다.

산골마을에 대접할 것도 없어서 궁리 끝에 고구마를 캤다. 고구마 잎과 줄기를 걷어내고 호미로 둑을 헤치자

농사지은 고구마를 처음으로 캐고서 기뻐하는 필자 ⓒ 2004 박지현

새빨갛고도 주먹만한 고구마가 넝쿨째 달려 올라왔다. 조카가 아주 신기해하면서 심은 지 몇 달 만에 캐느냐, 거름은 뭘 주었냐는 둥 여러 질문을 쏟았다.

지난 봄, 고구마 순을 밭에다 심어두고 순이 뻗어나지 않아서 무척 애태웠다. 두 번 세 번 흙을 다져주고 물을 주면서 공들여 길렀다. 나는 갓 캔 주먹만한 고구마를 손에 잡고 마음속으로 '하느님, 감사합니다'고 중얼거렸다. 이 얼치기 농사꾼이 심은 농작물에도 열매를 맺어주시니 얼마나 고마운가.

며칠 전에는 잠시 날이 갠 틈을 타서 옥수수를 꺾어서 이웃과 나눠먹기도 하고, 서울 이웃집에 나눠주기도 했다. 우리 집 옥수수를 맛본 사람들은 하나 같이 맛이 있다며, 인사를 옥수수 값보다 더했다. 아닌 게 아니라 내 땀방울이 젖었기 때문인지 엄청 맛있었다.

심을 땐 옥수수를 따면 여기 저기 맛보여야겠다고 작정했지만 공교롭게도 계속 날이 궂었고, 막상 거둬들여 보니 양이 그렇게 많지 않았다. 한 그루에 하나 아니면 두 자루가 고작이라 모두 더해야 백여 자루에 지나지 않았다. 막상 농사를 지어보니까 옥수수 한 자루에 1천 원 이상은 받아야 제 값이 될 것 같다. 그런데도 시장에 나온 옥수수는 한 자루에 오륙백 원 안팎이다.

시장에서 만난 한 할머니의 이야기다. 당신 용돈이나 마련하고자 이른 아침 텃밭에 가서 깻잎을 한 보자기 땄다. 장에 내다 팔려고 집을 나서는데 손자 녀석이 "할머니, 나도 따라가" 하기에 데리고 나왔다. 한나절 걸려 팔고 나니까 4천 원이 손에 들어왔다. 손자가 목마르다고 하여 주스 한 병 사주고 두 사람 차비하니까 1천 원짜리 한 장 남는다고 푸념했다.

요즘은 농사도 투기라고 한다. 우선 작물 선택을 잘 해야 한다. 풍년이 들면 값이 폭락해서 재미를 못보고, 흉년이면 그나마 시장에 내다 팔 것이 없기에 빈손이란다. 다른 이는 흉년인데 나만 잘 지어야 소득이 많다고 하니, 고약한 심보가 아닐 수 없다. 막 고구마를 캐고 돌아오자 앞 집 노씨 부인이 왔다.

텃밭에서 거둔 푸성귀들

영감님이 올 농사를 망쳐 요즘 걸핏하면 당신에게 신경질을 내서 속이 몹시 상한다고 했다. 지난번 양배추는 뿌리에 무슨 병이 들어 씨앗 값 정도밖에 받지 못했고, 곧 이어 심은 무는 그동안 날씨가 너무 뜨거워서 다 녹아버렸다고 한숨을 내쉬었다.

그러면서 살림에 보탤 요량으로 당신이 내일부터는 찐빵집에 빵 만드는 삯일에 나가야겠다면서, "남자들은 그저 밥 한 술 먹고 밖에 나가야 하는데 하루 종일 집안에 있으니 당신까지 힘들다"며 한바탕 푸념을 늘어놓고는 집으로 돌아갔다.

어찌 들으니 나에게도 해당되는 말 같다. 만물의 영장이라는 사람, 이럴 때는 6개월이나 한 1년 겨울잠을 자는 약을 개발하면 요즘 같은 불황에는 아주 불티나게 잘 팔릴 테다. 그러면 부부 싸움도 이혼도 훨씬 줄어들 것이다.

그새 조카가 고구마를 삶아서 쟁반에 담아왔다. 밤고구마로 맛이 아주 좋았다. 순간 이런저런 수심이 모두 사라졌다.

"하느님! 감사합니다. 잘 먹겠습니다"

(2004/8/28)

우리 모두를 되살리는 고마운 향기

강원도는 사방이 산이다

예로부터 강원도는 산자수명(山紫水明)한, 산이 아름답고 물이 맑은 고장이었다. 아울러 평지보다 산이 엄청 많은 고장이기도 하다.

"강원도는 앞도 산이요, 뒤도 산, 옆도 산"이라고 앞집 노씨 부인이 그랬다. 그 얘기를 듣고 새삼 언저리를 확인해 보니까 딱 맞는 말이었다. 온통 우람한 산들이 내가 사는 마을을 병풍처럼 둘러싸고 있다.

우리 마을 앞 시내는 주천강 줄기로 꽤 크다. 그런데 물이 맑지 못하다. 오래 사신 동네 어른에게 여쭙자 원래는 아주

동네 언저리 산들

맑은 시내였는데, 인근에 아무개 유업이 들어선 뒤로는 냇물이 흐려지기 시작했다고 하였다.

여기뿐 아니다. 웬만한 산골에 들어가도 시냇물이 흐려서 그대로 마시기가 꺼림칙하다. 시내 상류에 인가가 없는 게 확인돼야만 비로소 안심하고 시냇물을 마실 수 있다. '사람 = 오염의 주체'라고 보면 크게 틀린 말은 아닐 게다.

'귀신 씨나락 까먹는 얘기'로 들릴지 모르겠다. 이삼십 년 전만 해도 시골길을 가다가 목이 마르면, 아무 시내에 가서 두 손을 움켜 물을 떠 마시거나 짐승처럼 땅바닥에 엎드려 흐르는 시냇물을 그대로 마시곤 했다. 그러면 간장이 시원할 정도로 상큼하고 물맛도 좋았다.

그런데 지금은 그런 사람이 거의 없다. 산골을 찾아가면서도 가게에서 샘물을 사가는 풍경이다.

지리산 뱀사골. 피서객들이 계곡을 풀장처럼 쓰고 있다

부메랑이 되어 되돌아오는 물

지난 여름 한창 피서객들이 붐빌 때였다. 한 텔레비전 보도에 따르면, 어느 계곡에서 야영 생활을 한 피서객들이 상류에서 제대로 정화하지 않고 흘려보낸 뒷간 물을 마신 소동이 일어났다. 안방에서 그 장면을 지켜 본 사람조차 구역질이 났다. 사람들이 모르고 마셔서 그렇지 이런 일들이 그때 그 계곡에서만 일어났겠는가.

심산유곡을 찾아도 사람들이 그곳을 수영장으로 착각하여 맑은 물을 오염시키고 있다. 자기가 더럽힌 물이 다시 자기

입으로 들어오는지도 모르고 있다. 내가 이런 말을 하면 나만은 아니라고 항변할 게다. 사실은 문명을 누리는 현대인치고 환경을 더럽히는 주체에서 자유로울 수 없는데도 말이다.

요즘 산골마을에서는 울긋불긋한 양옥집이나 페인트 냄새가 덕지덕지한 조립식 주택, 펜션 등 그림 같은 집들을 숱하게 볼 수 있다. 농촌주택 개량 사업으로 날로 달로 번듯한 집들이 지어지고 있다.

재래식 뒷간은 하나 같이 수세식으로 바뀌고, 온돌 아궁이 대신에 기름보일러나 심야 전기보일러로 바뀌고 있다. 집집마다 뒷간에 똥오줌을 한 방울이라도 더 모아서 논밭의 거름으로 쓰기는커녕 용변을 보고는 곧장 물로 씻어 하수도로 흘려보내고 있다. 가축의 분뇨도 마찬가지다.

사람들이 더럽힌 오수나 분뇨들이 정화조를 거쳐 하수도로 흘러간다고 하지만 어디 샘물처럼 맑을 수야 있겠는가. 그런데 세상의 이치란, 우리가 편하게 누리고, 즐긴 만큼 문명생활의 역작용은 다시 부메랑이 되어 우리에게 되돌아온다는 것이다.

초등학교 시절 사회 시간에 선생님께서 중동이나 유럽 나라에는 물 값이 석유 값보다 더 비싸다고 가르칠 때 곧이곧대로 들리지 않았다. 그런데 우리의 현실이 이미 그렇게 돼 버렸다.

지난 여름 남원에 있는 실상사에서 열린 어느 불교 수련회에 갔더니 도법 스님이 '즉문즉설'에서 다음과 같이 말씀하셨다.

"사람들이 똥오줌을 더럽다고 하는데 그것을 누가 만듭니까?"

설법하는 도법 스님

실상사 뒷간 안내문

  그날 많은 말씀을 들었지만 그 말이 가장 마음에 닿았다. 생각할수록 명언이었다. 우리는 몸에 똥오줌을 지닌 채 살아가지 않는가.

  실상사 경내 뒷간은 여태 재래식이었다. 뒷간 어귀의 안내문이 재미있어서 카메라에 담았다. 뒷간 냄새를 "우리 모두를 되살리는 '고마운 향기'"라 말하고 있다.

  집으로 돌아온 뒤 여태 허물지 않고 그대로 둔 재래식 뒷간을 청소한 뒤 요즘은 자주 '고마운 향기'를 맡으며 그곳을 쓰고 있다. 내년 호박구덩이를 팔 때에는 뒷간도 치고 퇴비도 하는, '도랑 치고 가재 잡는' 일을 해야겠다. 그러면 내년 여름 싱싱한 호박을 실컷 먹을 수 있을 테지.

  이제라도 우리 사회에 환경을 되살리는 운동이 들불처럼 번지기를 빌고 또 빈다. 그래서 다시 사람들이 시냇가에서 흐르는 물을 마음대로 마실 수 있는 날이 하루 바삐 돌아오기를……

(2004/8/31)

한바탕 춤추고 싶은 날

지난날 '야간 통행금지'라는 게 있었다. 1945년 9월, 미군이 주둔하면서 밤 10시부터 이튿날 4시까지 치안 유지와 간첩활동을 막는다는 구실로 일반 백성들의 통행이 일체 금지되었다.

그뒤 한국전쟁을 거치면서 통행금지 시간이 지역에 따라 여러 차례 조정되다가, 밤 12시부터 이튿날 새벽 4시까지의 통행금지가 가장 오래도록 전국적으로 지속되었다. 그 시절에는 밤 11시 30분이면 통행금지 예비 사이렌이 울렸다. 그때부터 도시는 갑자기 바빠지기 시작한다.

예비 사이렌 뒤에는 택시 요금도 두 배 세 배로 뛰었고, 여관도 비로소 대목 시간을 맞았다. 두세 배 요금에도 택시를 잡지 못한 사람들이 가까운 여관에 찾아들었기 때문이다.

그리고 30분 뒤 정각 12시면 통행금지 사이렌이 울렸다. 통행금지가 시작되면 도시는 갑자기 정적에 휩싸였다. 이튿날 새벽 4시까지 유령의 도시처럼 변했다.

어쩌다가 순찰 경찰이나 야경꾼들이 지나칠 뿐이었다. 그 시절을 모르는 사람에게는 그때 얘기는 '귀신 씨나락 까먹던 시절' 얘기로 들릴 게다.

왜 시민들에게 불편한 그런 통행금지제도가 있었느냐고

반문하는 이도 있을 게다. 당국자는 늘 범죄 예방과 간첩들이 주로 한밤중에 활동하기에 어쩔 수 없이 통행금지를 존속시킨다는 논리를 되풀이했다.

그럼 1980년대에 통행금지가 해제된 뒤에는 범죄가 더욱 기승을 부리고, 간첩들이 한밤중에 활동해서 국가안보에 막대한 지장을 초래하였느냐고 누군가 내게 묻는다면, 내가 경험한 바로는 아무런 일도 없었다고 대답할 게다.

그동안 줄기차게 일부 계층에서는 국가보안법이 폐지되면 곧장 대한민국의 안보에 큰 구멍이라도 뚫릴 듯이 말하고 있다. 이들은 마치 지난날 통행금지가 있어야 도둑이 날뛰지 않고, 간첩들이 활동하지 못한다는 논리와 같다.

사상과 양심의 자유는 인간의 기본권이요, 자유민주주의의 뿌리다. 사상과 양심의 자유, 학문의 자유가 없는 사회는 민주주의 사회라고 할 수 없다.

우리 사회는 그동안 악법에 너무 길들여져서 일부는 그 악법이 없는 사회를 불안해한다. 아니 오히려 그 악법의 보호 아래 계속 안주하려고 든다.

그 악법에 억울하게 희생이 된 사람이나 그 가족들이 받았던 고통과 인권 유린에 대해서는 철저히 모른 척하면서, 오직 내 재산 지키기와 내 식구 감싸기, 그동안 누렸던 기득권 유지에 혈안이 되어 있다.

사상과 학문의 발달 없이는 선진국이 될 수 없다. 그런 나라는 늘 강대국에게 끌려 다니는 후진국이 될 수밖에 없다. 이제는 사상과 양심, 학문의 발전을 가로막는 국가보안법을 지난 세기의 유물로 역사의 뒤안길로 흘려보내야 한다.

국가안보는 사상과 학문의 자유가 보장된 사회에서 자유

민주주의 체제가 다른 어떤 체제보다 더 우월하다는 판가름이 날 때 저절로 얻어지는 것이다.

대한민국이 건국된 뒤, 처음으로 현직 대통령이 "국가보안법은 독재시대의 낡은 유물로 칼집에 넣어 박물관으로 보내야 한다"는 견해를 발표한 2004년 9월 5일, 이날이야말로 크게 소리 지르고 춤을 춰야 할 날이 아닌가 싶다.

아직은 국가보안법 폐지의 축배를 들기에 이르지만, 그래도 오늘 하루는 한바탕 춤추고 싶은 날로, "경축! 시일야방성대무(是日也放聲大舞)"를 외치고 싶다.

(2004/9/5)

한우, 자연 그리고 웰빙(참살이)의 만남

맑고 깨끗한 공기와 물

내가 살고 있는 안흥 산골마을은 행정상 횡성군 안흥면이다. 그래서 나는 안흥 면민도 되고 횡성 군민도 된다.

식전 댓바람부터 노씨 내외가 번갈아 내 집에 와서 오늘이 횡성 한우 축제 개막 날인데 같이 구경 가지 않겠냐고 했다. 나는 어제 그제 나들이 하고 돌아온 터라, 오늘은 집에서 좀 쉬겠다고 정중히 거절을 하자 무척 서운해하는 눈치였다.

그분들이 돌아간 뒤 그만 마음이 약해져서 그 댁에 가서 함께 가겠다고 하자, 내외분은 마치 소풍가는 아이들처럼 좋아했다. 마침 아내가 일찍 서울에 볼 일 보러 갔기에 내 집 차가 있긴 하지만, 세 사람 모두 운전면허증이 없어서 안흥면 사무소 앞 버스정류장으로 갔다.

군내 순환 시내버스를 타고 횡성 실내체육관 행사장에 이르자, 막 축제가 시작해 마치 큰 체육대회가 열린 듯 하늘에는 애드벌룬이 떠 있고 행사장 언저리는 온통 사람들로 붐볐다.

이미 공설운동장에는

횡성 한우축제 애드벌룬

횡성군민체육대회장

"2004 횡성 한우 축제"와 아울러 "제36회 횡성군민체육대회"가 열리고 있었다. 횡성군 내 9개 면 사이에 여자부 축구 예선전이 벌어졌는데, 급조된 선수들이 기성 선수 못지않게 공을 다루고 있었다.

세상의 변화를 다시 절감하면서 운동장 옆 한우 축제장으로 발길을 돌렸다. 행사 준비로 한창 바쁜 횡성군 한문희 축정산림과장을 잠시 붙들고 몇 마디 물었다.

— 횡성 한우가 다른 지역보다 이름난 까닭은 무엇입니까?

"그것은 우리 지방의 맑고 깨끗한 공기와 물 때문입니다. 아울러 한우들이 봄부터 여름 내내 무공해 천연사료를 먹고 방목되기에 그들이 스트레스를 받지 않고 자라서 육질이 다른 지방 소들과는 비교가 안 될 정돕니다. 게다가 횡성군민들의 소 사육 기술이 매우 뛰어납니다."

축구여자 일반부 예선전
강림면 대 청일면

— 횡성군에서는 어떤 지원을 합니까?

"전 행정력을 한우 지원에 쏟고 있습니다. 한마디로 한우에 승부를 걸고 있지요. 연간 6억 원의 지원을 하고 있습니다. 수소 정액과 사료 제공 등 일체를 지원합니다. 수송아지는 생후 5~6개월이 지나면 군에서 모두 거세시켜 줍니다. 그래서 수소도 모두 암소 고기가 되는 거지요."

임시 외양간에 나온 한우

— 네? 바야흐로 수컷 수난의 시대이군요?

"그런 셈이지요. 저기 운동장에 공차는 선수들 보세요. 몇 년 전이면 상상이나 했을 일입니까? 사람도 소도 수컷은 인기가 없습니다. (웃음) 오는 10월부터 한우 생산이력제가 시행됩니다. 횡성 한우 쇠고기는 포장지에 생산자 이름을 넣고 유사제품을 방지하고자 포장을 철저히 할 예정입니다. 소비자들이 믿고 사 드실 수 있게 할 겁니다."

행사장에 대기 중인 싸움소들과 세계 여러 나라의 소들을 구경한 뒤, 송아지와 함께 하는 놀이마당에서 귀여운 송아지들을 카메라에 담고 외양간의 소를 구경하고 내려오는 길에 진귀한 광경을 목격했다. 송아지가 개 젖을 빨고 있는 게 아닌가! 송아지 주인은 둔내면 현천리 이석근 씨(54)라고 했다. 〈믿거나 말거나〉라는 TV프로에 나옴직한 일이 눈앞에서 펼쳐진바, 어미 개가 젖을 너무 빨려서 무척 야위어 보였다.

각 면 선수단 본부. '금강산도 식후경'인 듯 정작 대회장보다 더 붐볐다

지역 경제를 활성화시키는 축제

노씨 부부가 '금강산도 식후경'인데 요기를 하자고 하여 안흥면 선수단 본부 차일로 가자 인심 좋게도 사람 가리지 않고 국밥을 비롯해 음료수, 떡, 과일 등을 내놓았다. 각 면 본부에서도 내 고장 네 고장 따지지 않고 지나가는 사람 붙들고 즉석 숯불 돼지 삼겹살 구이에 소주잔을 건넸다. 여태 후한 시골인심이 살아 있는 축제였다.

요기를 한 뒤 행사장 어귀로 가자 좌우에 축제에 맞춰 천막 수십 개가 늘어서 있었다. 한쪽은 더덕, 벌꿀, 복숭아, 포도 등 내 고장 특산품을 소개하고 판매하는 곳이요, 다른 한쪽은 서예전, 그림전, 한지 작품 그리고 천연염색 체험전으로 꾸민 문화 전시장이었다.

막 행사장 테이프를 끊은 조태진 군수께 한우 축제의 의의를 여쭈었다.

"예로부터 횡성은 한우의 고장입니다. 이제는 전국 축제로 만들어 전 국민에게 좋은 한우 고기를 공급하고, 우리 횡성 군민들에게는 소득 증대 사업과 지역 경제에 이바지하고자

축제 대회장 조태진 횡성군수

한우 축제를 열고 있습니다. 이 행사를 통하여 우리 횡성군의 한우와 더덕, 안흥 찐빵 그리고 무공해 청정 농산물 등을 널리 알리는 데 의의를 두고 있습니다."

잠깐 둘러본 2004년 횡성 한우 축제장이었지만, 지역 문화와 산업을 연계하면서 지역민의 화합과 단결을 도모하고 지역 경제를 활성화하는 행사로서 좋은 전통이 뿌리내리리라 믿어 의심치 않았다.

다른 고장에서도 이와 같이 특성화된 사업을 개발해야만 '지방화시대'를 맞이할 수 있으리라.

(2004/9/10)

세계여러 나라 소들

행사장 어귀의 특산물 전시·판매장

천연염색 체험전의 작품들

친구와 함께 찾아온 행운에 웃다

짜증나는 가을비

며칠째 추적추적 비가 내리고 있다. 비 가운데 가을비는 가장 영양가가 없다. 봄비는 메마른 대지를 촉촉이 적시는 반가운 단비다. 여름철 한줄기 소나기는 더위를 가시게 하는 장쾌함과 시원함을 준다. 그런데 곡식이 한창 여무는 계절인 가을에 내리는 비는 여간 짜증나지 않는다.

이미 논에는 더 이상 비가 필요 없다. 이즈음에 내리는 비는 오히려 가을걷이에 방해만 될 뿐이다. 겨울비는 그 나름대로 겨울 가뭄을 해소한다. 옛 어른 말씀에 따르면, "하루 가을볕은 벼 한 가마와 맞먹는다"고 할 만큼 가을의 맑은 날씨는 소중하다.

텃밭의 고추를 따고도 가을볕에 제대로 말리지 못해 며칠째 방바닥에 널어 말리고 있다. 어서 빨리 따가운 뙤약볕이 내리 쬐는 청명한 날이 와 들판의 오곡도 여물고, 과수원의 과일도 붉게 물들었으면 좋겠다.

오늘은 할아버지 제삿날이다. 아침 일찍 아내는 제수 준비도 하고 한우 축제 전시장도 마무리할 겸 해서 횡성으로 떠났다. 그래서 나 혼자 궁싯거리고 있는데 전화가 울렸다. 전화를 받고 보니 대학 시절 같은 학과 친구였다.

자기는 지금 영월에서 요양 중인데, 내가 안흥에 내려와서 지낸다는 소식을 다른 친구에게서 들었다면서 중간 지점인 원주쯤에서 만나 점심이나 같이 하자는 제의였다. 나는 마침 오늘이 할아버지 제삿날이라 다음날로 미뤘으면 좋겠다고 정중히 그의 청을 거절하고 전화를 끊었다.

　그런데 마음이 편치 않았다. 그는 오랫동안 암으로 투병 생활을 했는데, 나는 그동안 문병도 가지 못했다. 더욱이 낯설고 물선 영월 산골마을에서 외롭게 지내다가 친구가 가까운 곳에 왔다는 소식을 듣고 반가운 마음에 덥석 만나자는 호의까지 보였는데 내가 제사 핑계를 댄다는 게 영 사람의 도리가 아닌 것 같았다.

　그래서 나는 곧장 전화를 걸었다. 점심시간에 원주 시외터미널 공중전화 부스 앞에서 만나기로 약속했으며, 서로 중간중간 손전화로 더 구체적인 시간과 장소를 정하자고도 했다. 아직 시간은 많이 남았지만 모처럼의 만남으로 설레서 그런지 딴 때보다 외출 준비를 서둘렀다.

　손전화를 보니 전원이 다 된 것으로 나와 잠시라도 충전하려고 충전기에 꽂았다. 친구에게는 뭘 선물할까 망설이다가 마침 얼마 전에 나온 《일본기행》이란 신간이 남아 있어서 한 권 챙겼다.

나 자신에게 엄청 화가 났다

　학교를 그만 둘 때 한 선배가 그랬다. 직장 생활을 그만 두면 양복도 거의 입지 않게 되고 넥타이 매는 일도, 이발소 가는 것도 뜸해진다고. 맞는 말 같았다. 그새 이발소를 찾지 않은 지 두 달이 훌쩍 넘은 듯했다. 이 참에 머리를 깎아야겠다

안흥 장터, 허생원 조선달은 어디로 갔는지 썰렁하기 그지없다.

는 생각에 서둘러 집을 나섰다.

읍내로 가는 도중에 동네 사람이 차를 태워 줬다. 마침 원주행 시내버스가 주차장으로 들어서고 있었지만 다음 차를 타기로 하고 먼저 이발소로 갔다.

오늘은 안흥 장날이었다. 이발소에는 먼저 온 손님이 머리를 깎고 있었다. 시간이 걸릴 것 같아서 오는 길에 깎겠다고 하자, 일단 자기 가게에 들어온 손님을 놓치지 않으려는 듯 이발사는 금세 된다며 조금만 더 기다리라 했다. 그 말에 그만 마음이 약해졌다.

조금 뒤 내 차례가 와서 머리를 깎은 다음, 이내 차 시간이 다 되어서 매우 급하게 이발소를 나왔다. 버스정류장에 이르러 친구에게 11시 45분에 떠나는 차를 타고 간다고 전화를 하려는데 아무리 뒤져도 손전화가 없다. 이발소에 빠뜨렸나 해서 그곳에 가 여기저기 뒤졌지만 나오지 않았다. 다시 정류장으로 돌아오자 막 버스가 들어오고 있었다.

버스 기사에게 잠깐 전화 한 통화만 하고 오겠다고 양해를 구한 뒤 공중전화 부스로 달려갔다. 급하게 동전을 넣고 다이얼을 돌렸는데 돈만 집어먹고 통화가 되지 않았다. 답답한 심정 이루 말할 수 없었다.

나는 막 출발하려는 버스에 간신히 올라탔다. 버스비를 셈하고 한숨을 돌리며 자리에 앉으니 이번에는 친구에게 주기로 한 책이 없는 것이었다. 순간 눈앞이 깜깜해지면서 이런 내 자신이 몹시 싫어졌다. 잠깐 사이에 두 가지나 잃어버리다니. 건망증이 보통 심한 게 아니었다. 요즘 나는 정서가 불안

정한 상태다. 나이는 못 속인다고 하더니 내가 벌써 그런 나이가 되었는가? 나 스스로에게 엄청 화가 났다. 다시 마음을 가라앉힌 뒤 버스기사에게 시외버스터미널 도착 시간을 묻고는 손전화까지 빌려서 친구에게 전화를 걸었다.

12시 50분, 원주시외버스터미널 공중전화 부스 앞에서 친구와 나는 서로 얼싸안았다. 그는 오랜 투병 생활로 초췌했지만 염려했던 것보다는 건강해 보였다. 그 많던 머리숱도 반 이상 빠져 듬성듬성하다.

두보의 시 〈강남봉이구년(江南逢李龜年)〉에 두보가 명창 이구년을 강남 피난지에서, 그것도 꽃 지는 시절에 다시 만나는 장면이 나오는데, 우리도 그렇게 만났다.

그는 어느 한 대학의 학장을 지내다가 지난해 병으로 퇴임했다. 우리는 대학 시절 4년 동안 함께 강의실을 옮겨 다니면서 배웠고, 학훈단 동기로서 여름방학 병영훈련을 받을 때는 한 내무반을 썼던 전우였다. 거기다가 교직까지 같이 이수하였기에 그야말로 4년 동안 서로 끈질기게 붙어 다녔던 지기지우(知己之友)였다.

한식집에 앉은 뒤 서로 그동안의 안부를 묻고 들었다. 그는 매우 열정적으로 살았다. 연애도 남달리 열심히 해서 대학 시절 같은 학번인 모교 교수 딸을 부인으로 맞아 졸업과 동시에 결혼했던 비상한 재주를 지닌 친구였다. 그는 교직에 있을 때도 남들은 토요일을 기다리는데, 그는 학교 일을 하기 위해 월요일을 기다릴 정도로 평생을 일 속에 파묻혀 살았다.

고교 교사에서 대학 교수로, 학생처장으로, 대학 학장으로, 그리고 머지않아 곧 총장이 될 시점에 그만 암으로 쓰러졌던 것이다. 항암 치료 경과가 좋은 것 같아서 주위의 만류도 뿌리치고 다시 집무했으나, 병마가 재발하여 다시 수술을 받은 뒤 복직하려고 하자 부인이 한사코 막았다고 했다. 욕심을 버리라고. 그는 부인의 말을 좇아 지난해 퇴직한 뒤 계속 요양하고 있다고 했다. 죽음이 몹시도 두려웠는데 종교(가톨릭)에 귀의한 뒤로는 그 공포에서 벗어날 수 있었다면서, 건강을 잃으면 돈도 명예도 권력도 아무 소용없다는 체험담을 들려줬다.

우리는 서로의 건강을 빌면서 오늘 처음 만났던 장소에서 헤어졌다. 돌아오는 길에 오랫동안 찌푸려진 하늘이 마침내 햇살을 비추었다.

행운이 자네를 버리지 않았네

버스를 타고 돌아오면서 아침에 잃어버린 책을 과연 찾을 수 있을까, 내 손전화는 내 방 충전기에 그대로 꽂혀 있을까에 관심이 모아졌다. 돌아오는 길 내내 '오늘 잃어버린 책과 손전화를 모두 다 찾게 된다면, 이로써 그와 나에게 행운이 돌아올 거라'는 그런 생각을 했다.

마침내 안흥 버스정류장에 내린 뒤 우체국 앞 공중전화 부스로 갔다. 그런데 책 봉투는 흔적도 없다. 다시 이발소로 가서 찾았더니 이발사는 분명히 아침에 내가 책 봉투를 들고 나갔다고 했다. 그냥 집으로 돌아오려니 왠지 기분이 찝찝했다.

혹시나 싶어서 우체국에 들어가자 저울 곁에 낯익은 책 봉투가 얌전히 놓여 있었다. 우체국 직원에게 누가 여기에 두었느냐고

안흥 우체국

묻자 오전에 웬 부인이 공중전화 부스 안에서 주웠다면서 두고 갔다고 한다.

나는 봉투 속의 책을 꺼내 내가 바로 이 책의 임자라며 날개를 펴서 필자의 사진과 내 얼굴이 같음을 확인시키고는, 우체국 직원에게 양해를 구한 다음 종이를 얻어다가 "기주연 학장! 행운이 자네를 버리지 않았네. 자네는 반드시 건강해질걸세"라고 썼다. 그러고는 책과 함께 봉투에 넣은 뒤 그 친구에게 부쳤다.

집에 돌아와서 내 방을 확인하자 손전화는 그때까지 충전기에 꽂혀 있었다. 문득 하늘을 바라보았다. 그새 구름이 모두 걷히고 더 없이 푸른 쪽빛이 장관을 이루었다. 나는 기쁜 마음을 참지 못하고 친구에게 전화를 걸었다.

"주연아, 우리는 행운을 찾은 것 같아."

"그래, 고마워. 오늘 오랜만에 즐거운 시간 보냈어."

밤에 제사를 지낼 때 나는 여느 때보다 할아버지, 할머니 앞에 오래 엎드리면서 내일부터 새 일을 시작해야겠다고 다짐했다.

(2004/9/14)

"나는 못난이"

왜 나는 남들처럼 살지 못할까

요즘 나는 자동차 운전교습을 받을까 말까 고민하고 있다. 여태 그 흔한 운전면허증 없이도 잘 지내왔는데 막상 시골생활을 하고 나서부터는 어느 때보다도 그 필요성을 느끼게 되었다.

며칠 전, 지난 여름에 중국 항일유적지를 함께 답사했던 안동 문화방송국 제작팀이 뒤풀이 모임을 갖는다고 초대했다. 내 집에서 안동까지 가는 길에 차를 세 번 갈아타고, 올 때는 네 차례 갈아탔다.

차를 한 번 갈아탈 때마다 길게는 한 시간 남짓을 기다려야 한다. 특히 대합실도 없는 길에서 언제 올지 모르는 버스를 무작정 기다릴 때는 짜증도 나고, 왜 나는 '남들처럼 살지 못하고 뒤처져 사는가' 하는 자괴심에 빠지기도 한다.

어찌 보면 나란 놈은 참 한심한 사람이다. 1980년대 한창 '마이카' 바람으로 너도나도 운전교습에 열을 올릴 때도 아직은 시기상조라고, 출퇴근만 하는 직장인이 무슨 자가용이냐며, 왠지 나만은 그 대열에 끼고 싶지 않았다.

그 무렵 보도에 따르면, 대학총장님들은 날마다 시위가 없기를 바라면서 시위 얘기를 주로 하고, 일반 직장인들은 아침

마다 교통이 원활하기를 바라면서 출근길 차 막힌 얘기나 주차 얘기를 주로 했다고 한다.

내가 근무했던 학교도 예외가 아니었다. 당시 학교를 세울 때 오늘날과 같은 자동차 문화를 미처 생각하지 못해서 학교마다 주차장을 제대로 마련한 곳이 거의 없었다.

그러다 보니 주택가에다가 슬그머니 주차하는 이도, 담 옆에 불법 주차한 이도 늘어났다. 퇴근 때 가보면 바퀴에 바람이 빠져 있거나, 소중한 차에다 흠을 내는 일이 생겨서 하는 수 없이 학교 안에 주차하기 시작했다.

학교마다 사정은 비슷해서 학생들의 휴식처나 등나무 그늘이 주차장이 되고, 심지어는 운동장 일부가 주차장이 돼 버려 체육수업에 큰 방해물이 되기도 했다. 심지어 어떤 학교에서는 등교하던 한 학생이 어느 교사의 차에 치어 한 학기를 휴학한 일도 있었다.

대입 시험 날의 진풍경

내가 근무했던 학교는 대학 부속학교로 한때 큰집 격인 대학 구내 주차장을 이용할 수 있었는데, 주차비 문제로 선생님들의 마음고생이 이만 저만이 아니었다. 주차료가 대학 교수는 월 1만원인 데 견주어, 부속 중고등학교 교사는 월 2만원을 받아서 사람 차별한다고, 대학답지 않은 매우 치졸한 처사라고 선생님들이 몹시 분개했다(그 얼마 뒤 외부 용역회사에서 운영하고부터는 슬그머니 차별은 없어졌다).

더욱이 그 무렵 대학 입시일에는 그야말로 교통지옥으로 대혼란을 빚기 일쑤였다. 내가 있던 학교 일대(서울 신촌)가 온통 자동차로 덮여서 수험생들이 차에서 내려 마라톤 선수

마냥 뜀박질하거나 어떤 수험생은 퀵서비스 오토바이에, 경찰 순찰차에 실려 시험장으로 가는 진풍경도 벌어졌다. 내 제자 가운데 교통 체증으로 고시장에 늦게 들어가는 바람에 시험을 망쳤다며 울부짖던 이도 있었다.

이런저런 자동차 문화 이야기를 담아서 〈자가용병〉이라는 제목으로 첫 산문집 《비어 있는 자리》에 실었더니 그 책이 나간 뒤 '시대에 뒤떨어진 사람'이니, '자기는 자가용 안 굴릴 거냐?'는 뒷이야기가 한동안 내 언저리를 맴돌았다. 그때마다 나는 속으로 현직에 있는 한 승용차 없이 출퇴근하고, 퇴직한 뒤에야 내 차를 갖겠다고 다짐했다.

1994년 딸아이가 고교생이 된 뒤였다. 내 집은 서울에서 둘째로 높은 지대인데다 아이 학교도 지대가 무척 높았다.

어느 날 밤 갑자기 비가 쏟아졌다. 딸아이가 야간 자율학습을 마치고 교문을 나서는데 대부분 친구들은 아버지나 어머니가 차를 가지고 와서 교문 앞에서 기다렸다가 곧장 태워간다고 했다. 그런데 내 집 아이는 비를 쫄딱 맞은 채 어두운 밤길을 걸어서 귀가하고는 제 어머니에게 "자기는 다리 아래에서 주워서 온 아이냐"고 불평을 터트렸다.

서울에서 두 번째로 높은 지대인 구기동 산동네에 자리잡은 내 집. 그동안 대문도 없이 살았다.

'자식 이기는 부모 없다'고 하더니 며칠 뒤 아내가 운전교습을 받기 시작했다. 교육이 끝날 무렵 아내가 어떤 차를 살까 물어왔다. 내가 프라이드 이상은 안 된다고 했더니 그 차를 샀다. 그뒤 아내 차를 타고 두어 번 학교까지 출근했는데 내 양심에 찔려서 그 다음날부터 다시 대중교통을 이용했다.

행복지수가 더 높은 나라

승용차는 시골사람일수록, 나이가 든 사람일수록 더 필요한 것 같다. 시골에 살아보니까 마을과 마을을 잇는 대중교통이 뜸하고, 애써 가꾼 농산물을 시장에 내다팔거나 객지에 있는 자녀에게 갖다 주려면 승용차가 아주 요긴하다. 십리 길 이십 리 길 논밭에 새참 나를 때도 얼마나 좋은가.

그런 탓인지. 시골이라 하더라도 요즘 웬만하면 승용차가 없는 집이 거의 없다. 승용차와 짐차 두 대 이상인 집도 많다. 얼마 전 한 농사꾼 집에 집들이 초대를 받고 갔더니 모두 차를 타고 와서 주차 문제로 곤란을 겪는 걸 봤다.

그런데 시골도 너도 나도 자가용을 갖게 되자 또 다른 부작용을 낳고 있다. 시골 버스들이 승객이 없어서 적자는 차츰 늘어났고 그나마 있던 노선마저 줄일 판이라고 한다. 서울에서 안흥행 시외버스를 탈 때 좌석의 반 이상을 메운 적은 한두 번뿐이다. 어떤 때는 기사까지 해서 세 사람인 적도 있었는데 그럴 때면 여간 미안한 게 아니다.

한번은 강화 교동의 한 목사님 댁을 찾고자 강화 시외버스 터미널에서 버스를 탔더니, 출입문 옆에 다음과 같은 글이 붙어 있었다.

"존경하는 강화군민 여러분! 강화군민의 급격한 인구 감소와 자가용 이용 증가로 대중교통의 경영 여건이 급속도로 나빠지고 있습니다. 우리 강화군의 교통발전을 위하여 대중교

집집마다 승용차가 늘어나서 시골 시내버스에는 승객이 없다

통을 생활화합시다."

또 나이가 들수록 차가 더 필요한 것은 차츰 무거운 짐을 들기가 부담스러워지기 때문이다. 나는 자주 취재여행을 다니는데 요즘은 가방 무게에 적잖은 부담을 느낀다. 카메라에다 녹음기며 취재노트 등 기본만 넣고 다녀도 그 무게가 만만찮다. 그래서 아내 차를 자주 빌려 타지만 어디 늘 그럴 수 있는가.

산골에서 갑자기 병이라도 나면 속수무책이요, 누가 내 집을 몰라 헤매도 얼른 쫓아가서 모셔올 수도 없다. 그래서 요즘 아내는 지금이라도 나중을 대비해서 배워 놓으라고 일러 둔다.

사실 지난번 네티즌의 성금으로 미국에 가서 47일 동안 지내면서 운전할 줄 모른다는 게 얼마나 불편한지 절실히 느꼈다. 국토가 엄청 넓은 미국에서는 자동차가 곧 신발이다. 내가 주로 지냈던 워싱턴 교외 메릴랜드 주 일대는 우리나라와 같은 시내버스라는 게 없었다. 현지 동포 분들이 도와주지 않았다면 줄곧 모텔 방에서 지내다가 그냥 돌아왔을 게다.

워싱턴 기념탑에서 내려다 본 미 국회 의사당. 국토가 넓은 미국에서는 자동차가 신발인 셈인데, 차가 없으면 어디에도 갈 수가 없다.

"이제는 서서히 혼자 사는 연습을 하세요. 누가 언제 어떻게 될지 모르지 않아요."

아내의 말이 일리가 있다. 그런데 또 쓸데없는 기우는, 요즘 따라 건망증이 심해서 운전을 하면 사고를 낼지 모른다는 걱정이다. 애꿎은 다른 이까지 다치게 한다면 그 무슨 큰 죄인가.

옆집 큰 노씨네는 여태 승용차가 없다. 가끔 아내차를 빌려 타고 횡성 장에 간다. 그때마다 "선생님, 옛날에는 새벽밥 먹고 오십 리를 걸어서 횡성 장에 갔어요. 그날 장을 보고 까마득히 높은 전재 고개를 넘어 돌아오면 깜깜한 밤이었어요. 그래도 그때가 더 좋았던 것 같아요" 하며 지난날 얘기를 자주 들려준다. 하기는 그렇다. "국민소득이 낮은 나라일수록 행복지수는 더 높다"고 하지 않은가.

중국 무송에서 백두산 가는 길. 온 나라가 도로를 넓히고 포장공사로 법석이다.

지난 여름 중국에 갔더니 온 나라가 도로 건설로 마구 파헤쳐져 있었다. 한 미래학자는 중국대륙이 유럽과 같은 문명을 누리면 이 지구는 돌이킬 수 없는 환경 재앙이 올 거라고 경고했다. 하지만 우리만 문명을 누리고 너희는 누리지 말라는 식으로 어찌 다른 나라의 현대화를 막을 수 있겠는가.

옛날 기(杞) 나라의 한 어리석은 사람처럼, "하늘이 무너질까봐 땅이 꺼질까봐 걱정했다"는 바보처럼, 여태 나는 그렇게 못난이로 살아가고 있다.

(2004/9/15)

"시뻘건 난로를 뒤집어쓰고 싶더라"

아버지께서 장남인 내게 남긴 유산으로 두 가지가 있다. 그 하나는 국가보안법 위반의 공소장이요, 다른 하나는 묵화 한 점이다.

돌아가시기 전에 내가 갈무리하고 있는 공소장을 보시면서, "일제 때 독립운동을 하신 만해 한용운 선생은 그 혹독한 일제 아래서 '대한독립만세!'를 불러도 2년의 형기밖에 치르지 않았는데, 나는 그보다 더 많은 형기를 치렀다. 깊이 잘 갈무리해 두라"고 하셨다. 묵화는 출소 뒤 말문을 닫고 그리신 '달마상'이다.

1981년 2월 6일은 설날 바로 다음날이었다. 그날 아침, 막 출근하려는데 전화벨이 요란하게 울렸다. 부산에 계시는 어머니께서 다급한 목소리로 말씀하셨다. 새벽에 아버지가 검은색 지프차를 타고 온 네댓 사람의 청년들에게 연행되었다는 것이다. 어디로 모시고 가느냐고 물어도 그런 것 알 필요 없다고 윽박지르면서 아버지 방의 책까지 몽땅 싣고 갔다는 것이다.

순간 쇠뭉치로 뒤통수를 맞은, 오뉴월에 함박눈을 맞는 기분이었다. 곁에서 통화 내용을 들은 아내도 납덩이처럼 굳었고 더 이상 말이 없었다. 아침 출근시간은 늘 바쁘기에 곧 자세를 가다듬고 여느 때처럼 출근했다.

학교에 가면서 '이 사실을 절대로 동료에게나 상사에게 말해서는 안 된다'는 판단이 섰고, 그때부터 아무 일 없다는 듯이 표정관리와 처신에 각별히 신경을 썼다. 그때 나는 아버지께서 풀려나실 때까지, 바른 세상이 되기까지 기울어진 집안에 버팀목이 되고 남은 가족을 돌봐야 한다는 비장한 각오를 했다.

5공 청문회 때 전두환 대통령 경호실장을 했던 장세동 씨는, "지금의 상황으로 그때를 말하지 말라"고 했는데 지금 생각해도 아주 정곡을 꼭 찌르는 말이다.

정말 그때는 무서운 세상이었다

정말 그때는 무서운 세상이었다. 총칼로 정권을 잡은 무리들이 자기들의 불법을 정당화하기 위해 온갖 폭력도 서슴지 않았다. 부패한 사회를 정화한다는 구실로 '사회정화위원회'를 만들어서는 각 기관마다 부패 무능자를 보고·고발하게 했다.

그런데 도리어 부패한 자가 전혀 부패하지 않는 엉뚱한 이들을 보고·고발하여 직장에서 쫓아내는 웃지 못 할 일들이 버젓이 벌어졌다. 학교에서조차 북한 공산정권이 싫어서 월남한 분까지 사상이 의심스럽다고 몰아내자, 가까운 사람들은 그런 분이 아니라며 탄원서까지 냈다.

그러자 직장 상사와 상급기관(교육청 장학사)이 탄원서 낸 사람들에게 온갖 협박으로 탄원서를 취소하게 하고 시말서를 받아가는 그런 세상이었

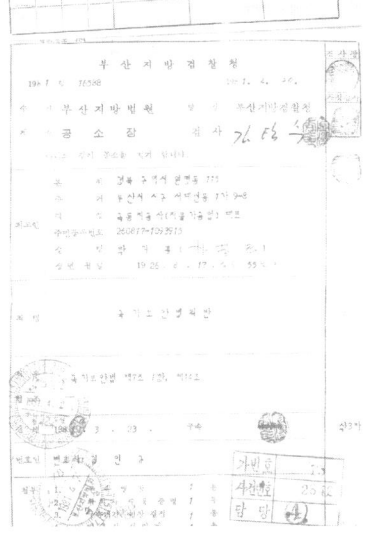

공소장 표지

다. 이런 세상에 사상 문제로 끌려간 사람의 자식이 교단에 서 있다면 그들이 가만 두겠는가.

그날 퇴근길에 검찰 고위직에 있는 분에게 몰래 아버지의 소재를 알아봐 달라고 부탁하였더니, 부산 대공 분실에 연행돼 있다면서 사상 문제에 관해서는 당신도 아무런 도움을 줄 수 없다며 미안해했다.

틈틈이 평소 아버지가 잘 알고 지냈던 변호사에게도, 국회의원에게도 힘이 될까 연락을 해 보았지만 그 분들도 이 문제만큼은 어쩔 수 없다고 딱 잘라 버렸다.

해방 뒤 이 땅에서는 사상문제라면 그 무엇보다 더 외면했다. 발버둥쳐 봐야 더 깊은 골에 빠진다는 걸 알아차린 나는 소리 소문 없이 지내는 게 최선의 보신책이라는 걸 깨달았다.

아버지는 넉 달 동안이나 불법감금 끝에 재판에 회부되었다. 재판은 평일에 열리기에 학교를 결근하면서까지 부산에 내려갈 수가 없었다. 주말에 내려가서 변호사를 만나면 그렇게 불친절할 수가 없었다. 자기나 되니까 적선하는 셈치고 이 사건을 맡았다는 식이었다.

나는 보안사범은 당사자 못지않게 밖에 있는 가족들도 고통을 받는다고 생각한다. 지금에야 담담히 지난날을 돌이켜 볼 수 있지만, 그때는 정말 벼랑 끝에 매달린 심정이었다. 아버지께서 교도소에 수감되신 2년 4개월 동안 집안에선 세 건의 큰 일이 있었다. 두 건은 두 아우의 결혼이었고, 다른 한 건은 할머니의 별세였다.

팔순 할머니는 끝내 외아들의 출소를 보지 못하고 돌아가셨다. 두 동생의 결혼식 때는 아주 가까운 친척만 참석해서 아버지의 부재가 드러나지 않았는데, 할머니 장례만은 소문이 나지 않을 수 없었다. 그래서 나는 조문객들에게 이렇게 둘러댔다.

"저희 선산(先山)이 경북 선산(善山) 도개에 있기에 아버지는 거기서 묏자리를 보고, 묘지를 만들고 계신다"는 거짓말로 아버지가 빈소를 지키지 못한 사연을 능청스럽게 둘러댔다.

그때의 처사가 참 바보스럽고, 꼭 그렇게 숨기면서까지 살아야 했던가 하는 생각에 자괴감이 들기도 하고, 나의 불효막심과 소심함, 비겁함에 매우 부끄럽기도 하다.

나는 아버지 재판정에는 한 번도 참석하지 못했다. 아버지가 재판정에 출정할 때 방청석에서 아들을 찾지 않았겠는가. 그때마다 아들의 얼굴이 안 보일 때 아버지는 얼마나 허전했을까?

그뿐만 아니다. 출소 뒤에도 아버지의 뒤에는 꼬리표가 달려서 늘 형사들이 뒤쫓았다. 그게 싫어서 내가 살아가는 데 방해가 되는 듯하여 나는 아버지에게 싫은 말씀도 드렸다. 내 생명을 주신 아버지를 홀대하였다는 죄의식은 평생 씻을 수 없는 죄업으로 내가 저 세상에 가지고 가야 할 것이다.

지금 나는 이 글을 쓰면서 아버지의 공소장을 다시 읽어보지만, 공소사실은 〈이제는 말할 수 있다〉라는 프로에 이미 다 소개된 내용들이다.

아버지는 고향이 구미라서 박정희 대통령과 그 집안의 전력을 누구보다 잘 알기에 여순사건 때 동지를 배반하고 살아난 인물이라는 말을 했고, 당시 먹고살기도 힘든 세상에 민방위 교육은 없었으면 좋겠다든지, 미 푸에블로 호는 북한 영해를 침범했다든지, 사회주의 국가에서는 자녀 학비 부담이 없는데 여기서는 돈 없으면 자식 공부도 못 시킨다는 따위의 말을 했다는 것이다.

나는 마지막 이유에 가장 가슴이 아팠다. 그때 아버지는 5남매를 둔 가장으로 한창 자식 교육비에 허리가 휠 때였다. 그때 아버지는 부산 아미동 산동네에서 꼬리표를 만들고 헌 신문지로 과수용 배 봉지를 만들어 팔았는데 그 수입이 몇 푼이나 되었겠는가.

"세금쟁이가 범보다 더 무섭다"고 했는데 아버지는 우스갯소리로 "세금쟁이보다 자식이 더 무섭다"고 했다. 세금 문제는 돈이 없다면서 하다못해 차압해 가라는 식으로 배짱을 부릴 수야 있지만, 자식이 학비 달라고 할 때는 그럴 수 없다는 게 그 이유였다. 그 무거운 멍에를 오로지 당신이 다 짊어지셨던 것이다.

민족반역이 죄가 되지 않는 나라

아버지의 예화에서 보듯이, 국가보안법은 본디 목적보다 역사적 사실을 있는 그대로 말하거나 현실의 부조리를 말하는 이에게 족쇄를 채우는 도구로, 부당하게 정권을 빼앗은 이들이 반대 세력을 몰아내는 데 더 많이 이용했다. 때문에 이제는 국가보안법을 아예 폐지하자는 주장이 나온 것이다.

국가보안법이 양심세력에게 재갈을 물렸기 때문에, 독립군을 잡던 이가 해방된 나라에서 다시 활개쳤고 그 자식들마저 권력을 세습하는, 세계사에서 그 유례를 찾기 힘든 정의와 양심이 없는 나라가 되었다. 그야말로 민족반역을 해도 죄가 되지 않고 오히려 출세하는 나라가 되었다.

부산 집에는 헌 신문이나 잡지 등을 늘 고물장사에게 사다

보니 별의별 책이 다 들어왔다. 고물 책들을 그냥 뜯어서 제품이나 만들어 팔았으면 아무 탈이 없었을 텐데, '식자우환'이라는 말이 있듯이 어느 날 아버지는 고물 책 더미에서 일어판《조선관광》이라는 북한 관광안내 책자를 발견하고는 몰래 읽으신 뒤 친구들에게 그 내용 일부를 발설했다.

그때는 신군부가 막 집권한 때이므로, 무언가 큰 사건을 엮어 '뻥' 터트리려고 벼루던 참이었다. 반대세력을 잠재우고자 꼬투리를 잡으려고 혈안이 된 터에 아버지의 이야기가 첩보망에 걸려든 것이다.

그 무렵 아버지는 부산 근교 양산에 염소를 치려고 목장용으로 사둔 임야가 값이 오르는 바람에 그걸 팔아서 대신동에다 집을 마련했다. 그런데 수사기관에서는 잘 알아보지도 않고 조총련의 자금을 받아 그 집을 샀다는 그럴듯한 소설을 꾸며 놓고는, 그걸 한 건 터트리듯이 언론에 제보해 광주민주화운동으로 흐트러진 민심을 다잡고 반대파에게 재갈을 물리려고 했던 것이다.

무려 넉 달 동안 아버지를 감금해 놓고 샅샅이 뒤졌으나 나올 것이 없었다. 자식인 내가 잘 알지만 사실 아버지는 공산주의 '공' 자도 잘 모르는 분이다. 무슨 조직이 있다거나 일본에 친척이 있어서 그 자금이 유입되었다는 것은 천부당만부당한 얘기다. 넉 달 동안 사람을 불법으로 가둬놓고 갖은 고문으로 털어도 알맹이는 없고 먼지만 나오자, 그 먼지만으로 국가보안법 제7조 1항 '찬양 고무죄'로 엮어 2년 옥살이를 시켰다.

아버지는 수사기관원에게 끌려간 지 2년 4개월 만에 대구교도소에서 만기 출소하셨다. 그뒤 반벙어리로 그림을 그리고 주변의 냉대와 고문 후유증 등으로 고생하시다가 1992년 영면하셨다. 나는 불효막심하게도 임종하지 못하였는데 염을 했던 장의사 직원이 "고인의 엉덩이와 등에 시커먼 반점으로 보아 신체적 고통을 많이 받은 자국 같습니다"고 전했다.

출소하신 뒤 내가 몇 차례 수사과정을 여쭙자, "나를 잠재우지 않고 고문하던 수사관이 지쳐 잠들었을 때, 하도 고통을 참을 수 없어서 시뻘건 난로를 뒤집어쓰고 싶더라"는 말씀만 하셨다.

국가보안법 사범은 본인 못지않게 교도소 밖에 있는 가족들이 더 고통을 받으며 살아왔다고 해도 지나친 말은 아닐 것이다. 가족 가운데 보안사범으로 끌려갔다면 그 순간부터 온 집안은 풍비박산이 된다. 내 집에서도 그 후유증은 오래도록 지속되었지만 그래도 다른 분들에 견주면 아무 것도 아니다. 자식이 국가보안법으로 억울하게 사형을 당하자 그 자식을 따라 죽은 부모, 정신이상자가 된 아버지, 약혼자로부터 파혼 당한 사람 ……. 그 사례는 이 짧은 글에서는 일일이 다 말할 수 없다.

아버지는 내게 유형의 유산으로 문건 두 건밖에 남기지 않았지만, 무형의 유산은 많이 남기셨다. 내가 육군소위로 임관하여 전방 소대장으로 부임하게 되자, "얘, 쌀 도둑질 해 먹고 병사들 배 곯리지 말라", "월급 몇 푼 더 받겠다고 지원해서 월남에 가지 말라"고 하셨다. 내가 교사가 되자, "교사는 학생들을 보고 산다"고 하셨다. 내가 30여 년 교단에서 학생들 앞에 내 동족을, 단 한 번도 괴상한 용어로 헐뜯지 않은 것은 아버지가 말없이 가르쳐 주신 유언 때문이리라.

우리는 '자유민주주의' 국가에 산다고 자부하고 있다. 자유민주주의가 뭔가. 낱말로만 풀이해 보자. '자유' 그것은 신체의 자유, 양심의 자유, 사상의 자유가 아닌가. '민주주의' 그것은 백성이 주권을 가지고 백성의 뜻에 따라 백성을 위하여 정치를 하는 게 아닌가. 가장 기본이 되는 양심의 자유, 사상의 자유 없이 무슨 자유민주주의 나라라고 할 수 있는가. 좋은 집에서 밥걱정 없이 비싼 차 탄다고 선진국이 되는 게 아니다.

정말 선진국이 되고 싶고 자유민주주의 나라를 만들려면 이제는 야만적인 인권탄압 악법부터 없애야 한다. 그래서 서로 다른 생각을 가진 사람이 자유롭게 토론하여 더 좋은 제도를 만들고, 밝은 태양 아래서도 한 점 부끄러움이 없는 양심이 살아있는 사회를 만들어야 한다.

그래야만 우리나라도 이름과 실제가 같은 선진 민주주의 나라가 될 수 있고, 그 어떤 이데올로기에도 정정당당하게 겨뤄 이길 수 있을 게다. 그제야 비로소 나라의 기반이 튼튼해지고 나라의 안보는 저절로 이루어질 것이다.

(2004/9/16)

"이러다간 죽은 자가 산 자의 터전을 뺏을 수도"

추석은 예초기 소리에서

요즘 추석은 예초기(풀 베는 기계) 소리에서 시작된다. 이른 아침부터 이곳 산골마을도 예초기 소리로 요란스럽다. 추석이 가까워 온 모양이다. 오늘은 추석을 한 주 앞둔 데다가 날씨조차 좋아서 아마도 전국 방방곡곡에서 벌초가 한창일 게다.

나도 아우들과 함께 어제 새벽같이 고향 선산에 가서 비를 쫄딱 맞으며 벌초하고 돌아왔다. 벌초객들로 고속도로가 무척 막혔다. 해마다 겪는 연례행사로 길에서 고생할 줄 뻔히 알면서도 때를 놓칠 수 없기에 다녀왔다.

비를 흠뻑 맞으면서 봄여름 내내 자란 풀로 쑥대밭처럼 엉클어진 조상 산소의 풀을 말끔히 베어 놓고 보니, 비로소 조상에게 최소한의 자손 노릇을 하였다는 흐뭇함도 있었다. 하지만 다른 한편으로 이제 우리나라의 이런 묘지 문화를 다시 심각하게 생각하여 일대 개혁해야 할 시점에 이르지 않나 싶다.

'사람은 흙에서 태어나 흙으로

아우 박정(광양제철)이 예초기로 부모님 산소를 가다듬고 있다

돌아간다'는 말처럼 사람이 죽은 뒤 다시 흙으로 돌아가고 돌려보내는 일은 지극히 당연한 일로, 이제까지 이런 관습이 죽 내려왔다. 가장 손쉬운 방법으로 사람이 죽으면 땅에다 매장하는 묘지 문화였다.

그런데 이 매장 문화는 세월이 흐를수록 매우 심각한 문제점을 안고 있다. 그것은 묘지는 자꾸 늘어나는데 땅은 늘어나지 않는 데다, 죽은 사람도 평등하지 않고 사후에도 그 묘지로 차별받는다는 점이다. 후손들이 그 묘지의 호화로움이나 비석, 비문 등과 같은 장식물로 은연중에 집안을 과시하거나 그것으로 행세하는 풍토가 없어지지 않는 한, 묘지 문화의 개혁을 백 번 부르짖어도 공염불에 지나지 않는다.

한 신문 보도에 따르면, 현재 전국에 흩어져 있는 묘지는 약 2천만 기로, 그 넓이는 서울시의 1.6배인 약 3억 평에 이른다고 한다. 여기에 해마다 묘지 20여 만 기가 늘어나 전국 공장 부지의 세 배가 넘는 토지가 묘지로 바뀐다고 한다. 이대로 가면 10년 뒤에는 집단묘지 공급이 바닥이 나고 50년 뒤에는 이 땅 어디에도 묘지를 쓸 수 없게 된다고 한다.

사실 여행을 하면서 차창으로 주변을 살펴보면 야트막한 남향받이 야산들은 거의 묘지가 차지하고 있다. 도시 가까운 곳의 공원묘지도 가 보면 볼썽사납기 그지없다. 산 아래에서 거의 꼭대기까지 묘지가 들어서서 온통 묘지로 산을 덮고 있다. 폭우라도 내려 산사태가 나면 축대가 부실한 묘지들이 갑자기 불어난 계곡물에 휩쓸려 허물어져서 시신을 찾지 못하는 소동이 벌어지기도 한다.

그나마 공원묘지 사용료도 엄청나게 비싸서 어떤 이는 밭을 가족 묘지로 쓰는 게 더 경제적이라며 편법으로 멀쩡한 밭을 사들이는 일도 있다. 이렇게 내버려두다가는 밭조차 묘지화해 죽은 자를 위하여 산 자들의 삶의 터전이 야금야금 잠식될 것이다.

지도층의 호화분묘

해외를 다니면서 각 나라의 산을 둘러봐도 우리나라와 같이 묘지로 뒤덮인 나라가 없다. 파리에는 도심에 공동묘지가 있는데 마치 조각공원 같았고, 이웃 일본은 마을 곳곳이나 집안에 납골당이 세워져 있었다. 또 사찰 뒤 울창한 숲에다 화장한 뼛가루를 뿌리기도 한다고 했다.

미국 로스앤젤레스 근교의 장묘공원
묘지, 한 기당 면적이 매우 좁다

미국 로스앤젤레스의 한 공원묘원에서 본바, 그 넓은 나라에서도 1기당 묘지 면적이 한두 평 정도로 매우 좁은 데다가 모두 평장으로 쓰고 묘비도 간단했다. 고인의 이름과 출생연도와 죽은 해 그리고 가장 사랑하는 이(주로 가족으로, 부인 또는 남편 자식 또는 부모)의 이름만 새겼을 뿐이다. 마침 그곳에서 치러지는 장례식을 곁에서 지켜봤더니 가족 중심으로 아주 간소했다.

프랑스에서는 드골 대통령 무덤의 묘비마저도 본인 이름과 출생, 사망 연도만 새겼다고 하니, 그들의 평등사상과 인류의 앞날을 내다보는 혜안은 정말 선진국답다.

일본 교토 교외의 공동묘지

히말라야의 티베트계 주민이나 인도 봄베이를 중심으로 사는 파르시 족은 조장(鳥葬)을 한다는데 새가 시체를 파먹게 하는 장례문화가 바로 그것이다. 사람이 사는 동안 무수한 동물들을 잡아먹었으니, 다시 그들의 먹이로 되돌려주고 자연으로 돌아간다는 깊은 종교적인 의미도 담겨 있다. 그들의 풍습을 야만이라고 낮춰 볼 게 아니라 그들의 자연 회귀사상을 곰곰이 음미해 볼 일이다.

사실 우리 사회에 깊이 뿌리 내린 유교문화, 그 가운데 조상 숭배에 대한 절대적인 사상은 아무나 섣불리 손대기 어렵다. 많은 사람들이 그 폐단을 알면서도 과감히 고치지 못하는 것은, 자칫하면 천하에 불효막심한 자손으로 매도되기 십상이기 때문이다. 그래서 좌고우면, 이리저리 눈치 보다가 예로부터 내려온 문화를 답습하고 만다.

이런 오래된 인습의 묘지 문화는 사회지도층 인사들이 앞장서서 개혁해야만 백성들이 따라갈 텐데 그들이 더 호화분묘를 꾸미는 바람에 개혁은커녕 오히려 뒷걸음질치게 하고 있다.

역대 여러 대통령들이 대통령이 된 뒤 조상 산소를 호화롭게(심지어는 어떤 이는 헬기장까지) 꾸미거나, 조상 산소를 잘 써야 대권을 잡을 수 있다는 풍수지리설 때문인지, 후보 이전에 미리 호화분묘를 만드는 판이니 어찌 묘지 문화가 개혁될 수 있었겠는가?

지도자라면 바른 생각을 행동으로 보여야

몇 해 전, 항일유적 답사 길에 중국 베이징에서 한 독립운동가를 만났다. 그때 93세 고령이신 그 어른은 나에게 이런 말을 들려주셨다.

지금의 매장 묘지 풍습을 바꿔야 한다. 오늘날 매장은 산자와 죽은 자의 싸움으로 번지고 있다. 모택동 주석이나 김일성 주석도 죽은 뒤에 화장하지 않고 안전관에 모셔 두고 있는데 인민을 교육하기 위하여 그런지는 몰라도 나는 잘못된 일이라 생각한다. 지금은 몰라도 앞으로 일 백년이나 일천년이 지난 다음에는 분명히 잘못된 일로 판명될 것이다. 한 줌의 재로 날려버린 주은래, 등소평 주석이야말로 얼마나 멋진 선각자인가. 호화 분묘를 만들고 비석을 세우는 일은 다 소용없는 일이다. 후손을 위하여 화장하는 게 옳다. 나는 이미 부모와 처를 모두 화장했고 나도 화장하라고 일렀다.

서구인들의 간소한 무덤과 묘비명

어제 벌초를 마치고 돌아오면서 우선 우리 집부터 묘지 문화를 바꿔야겠다고 마음먹었는데 실천을 하게 될지는 섣불리 장담할 수 없다. 나 혼자 생각만으로 조상의 묘를 마음대로 할 수 없기 때문이다. 개혁이 혁명보다 더 어렵다고 하지 않은가.

많은 사람들이 묘지 문화의 개혁에 공감할 줄 안다. 이럴 때 지도층이 스스로 앞장서서 국토 백년대계를 위한 새로운 묘지 문화를 만들어야 한다. 바른 생각이라도 행동으로 옮기는 일은 참으로 어렵다. 하지만 지도자라면 바른 생각을 행동으로 보여야 하지 않을까?

(2004/9/19)

여러분, 서점에서 만납시다

산골 사람의 서울 나들이

 산골에 내려온 뒤 되도록 나들이를 자제하건만 그래도 한 달이면 한두 번 서울행 버스에 오른다. 엊그제도 안흥 시외버스정류장에서 서울행 직행버스에 올랐다. 늘 그랬지만 버스 안에는 승객이 채 반도 안 찼다.
 '모든 생명체는 환경에 적응한다'고 하더니 나도 별 수 없이 이 낯선 산골마을에 그새 적응된 모양이다. 요즘은 서울에 가면 오히려 서먹서먹하고 거기도 내 집이 있건만 마치 남의 집처럼 느껴진다. 그래도 피치 못할 사정(주로 사람 만나는 일)으로 그동안 삶의 근거지였던 서울에 갈 때는 여러 볼 일들을 한데 묶어 두었다가 하루나 이틀 동안 시차를 둬서 만나고 돌아온다. 만나는 장소가 상대방 사무실이 아닌 경우 내가 정할 때는 거의 대부분 서점에서 만나자고 한다.
 한 10년 전부터 서점을 만남의 장소로 이용하였더니 여러 모로 좋았다. 우선 교통이 편리해서 상대가 찾아오기 쉬웠고, 교통사정으로 약속시간보다 조금 늦더라도 서점에 빼곡이 진열된 이 책 저 책을 뒤적이다 보면 금세 시간이 가기에 지루한 줄 몰랐다. 상대가 약속을 까먹어 좀 심할 경우 한두 시간 정도 늦이도 그리 짜증나지 않게 기다릴 수도 있다. 책을 뒤적이다가 마음에 들면 사기도 하고, 오는 친구에게 선물용으로 마련하기도 한다.

이렇게 좋은 약속장소를 이용하게 된 것은 한 출판인 때문이었다. 지금은 열매출판사를 꾸리고 있는 황인원 씨와 약속하면 그는 꼭 서점을 약속장소로 잡았다. 두어 번 그곳에서 만나보니 시간 보내기도 좋았고, 또 비싼 찻값이 들지 않아서 좋았다. 그리고 그 참에 신간이나 베스트셀러도 한번 훑어볼 수 있어서 독서계의 흐름도 살필 수 있었다. 한마디로 '도랑 치고 가재 잡는' 셈이다.

사실 우리나라는 일반 시민들이 부담 없이 드나들 수 있는 문화공간이 거의 없기도 하고, 그나마 있는 시설마저도 잘 이용하지 않고 있다. 지방자치제가 활성화한 뒤로 문화시설이 조금 늘어난 것 같지만, 아직도 일반 시민들에게는 가까이 와 있지 않은 듯하다.

나의 빈 머리를 채웁시다

내가 지난 2월 28일 워싱턴에 머물고 있을 때, 조지메이슨 대학에서 환경정책으로 박사과정을 밟고 있는 유학생 권헌열 씨가 애써 나를 자기 집으로 초대했다. 권씨는 부인이 저녁식사를 준비할 동안 자기가 사는 동네를 한바퀴 돌면서 서울 촌사람에게 워싱턴 시민들이 사는 마을을 구경시켜 주었다.

권씨가 안내한 곳 가운데 'Centreville Regional Library'라는 동네 도서관을 본 게 가장 인상에 남는다. 우리나라로 치면

워싱턴 교외 포토맥 강가에서 권헌열 씨(왼쪽)와 함께

일개 동(洞)의 도서관일 텐데도 시설이 좋았고, 많은 주민 특히 학생들이 자유롭게 이용하는 게 무척이나 부러웠다. 더욱이 그 도서관에는 한국 책도 꽤 많이 소장되어 있어서 나 그네를 놀라게 했다.

내가 학교를 그만 두면서 가장 아쉬워했던 점은 대학 도서관 이용을 원활히 할 수 없다는 점이었다. 그동안 대학부속고등학교에 재직하면서 아무 때나 대학도서관에서 책을 빌려볼 수 있었는데 퇴직하니까 일절 대출을 할 수 없었다.

워싱턴의 한 마을 도서관

그래도 서울에 있을 때는 꼭 필요하면 대학도서관에 가서 열람할 수 있었지만, 안흥에 내려오니 저절로 도서관과 멀어질 수밖에 없었다. 우리나라는 동은커녕 면(面)조차 도서관이 있는 곳은 드물고, 군청 소재지에서도 도서관을 찾기란 힘든 일이다. 좀 큰 지방 도시의 시립도서관을 찾아도 참고할 만한 책은 거의 없다. 고작 구색을 갖추기 위해 세운 도서관인 듯한 느낌을 지울 수 없다. 주민들은 읽을 만한 책이 없기에 도서관을 찾지 않는다고 하고, 도서관 쪽에서는 주민들이 도서관을 찾지 않기에 책이 적다는 말을 서로 주거니 받거니 할 뿐이다. 아무튼 우리나라 사람들은 책을 너무 멀리하고 있다. 현대는 버튼 하나로 모든 게 작동하는 '디지털 시대'다.

이런 때일수록 사람들이 책을 읽고 깊이 생각하고 행동해야 할 텐데도, 시각적인 영상 문화에만 젖어 있다는 느낌이다. 그래서인지 사람들의 생각이나 행동이 차츰 단세포적이요, 즉흥적인 경향으로 기울고 있다. 그래서 우리 사회에 갈

수록 기상천외한 끔직한 사건들이 벌어지고 있는 건 아닌지 모르겠다.

가을이 깊어가고 있다. 단군 이래 최대 불황이라는 출판계를 위하여, 그나마 남아 있는 서점들을 그대로 남겨두기 위하여, 우리 모두 만남의 장소를 서점으로 정하면 어떨까? 두 사람 찻값이면 책도 한 권 살 수 있다.

깊어가는 가을 밤, 지난 여름 무더위로 비어 버린 나의 머리를 채우면서 그리운 이에게 '가을 편지'도 한 통 띄운다면, 내 영혼은 비단 위에 꽃수를 놓는 것처럼 아름다워질 것이다.

> 가을에는
> 호올로 있게 하소서…….
> 나의 영혼,
> 굽이치는 바다와
> 백합의 골짜기를 지나
> 마른 나뭇가지 위에 다다른 까마귀같이.
>
> — 김현승 〈가을의 기도〉 —

(2004/9/21)

우울한 날의 세 가지 일화

마을회관의 스피커 소리

 안흥 산골마을에는 이따금 이른 아침, 이장님의 '전하는 말씀'이 마을회관 스피커로 흘러나온다. 대부분의 내용은 '농협에 무슨 비료가 나왔다', '오늘 저녁에 모임이 있다', '누구네 집 잔치가 있다'는 등의 공적인 알림이나 마을의 경조사다.

 그러나 오늘 아침 방송은 우울한 내용이었다. 안흥중고등학교 뒤에 사는 최 아무개(78) 할머니가 집을 나간 지 20여 일이 지났는데 행방을 모르고 있으니, 혹시 아는 사람은 알려 달라는 얘기였다.

 최근 20, 30년 새 우리나라 전역에 가족제도에 큰 변화가 일어났다. 예로부터 한 집안에 3, 4대가 살았던 대가족제도에서 소가족제도로, 이제는 그마저 무너진 핵가족시대로 접어든 것이다. 시골에 가보면 나이 든 부부가 사는 집이나 노인 혼자 사는 집이 대부분이다. 마땅히 시골 마을이 활기를 잃어가고 있다.

 나는 요즘 안흥 집에서 혼자 지내고 있다. 아내가 서울 집의 가스 설치 관계로 며칠째 집을 비웠기 때문이다. 아내는 이따금 내게 "누가 어떻게 될지 모르고 이제는 시대가 변했으니 늙어서 자식들에게 기댈 생각 말고 지금부터 혼자 사는 연습을 하라"고 한다.

막상 혼자 살아보니까 잔일들이 수월치 않다. 세 끼 밥 먹는 일, 청소하고 세탁하는 일 등 기본 생활도 만만치 않다. 거기다가 요즘은 텃밭에서 고추를 따서 햇볕에 말리고 걷는 일을 하는데 여간 성가시지 않았다. 지난날에는 외가나 처가에 갈 때마다 햇볕에 말렸다는 고추를 받으면서도 대수롭지 않게 여겨왔다. 그때는 미처 몰랐는데 이제야 그 태양 고추 속에 담긴 노고를 알겠다.

오늘은 오랜만에 날씨가 쾌청했다. 아침밥을 먹은 뒤 며칠째 계속 비가 추적추적 내려서 방바닥에 말리던 고추를 마당 평상에 널었다. 옆집 노씨가 호미를 빌리려고 왔다.

노씨도 요즘 낮에는 혼자 지내고 있다. 올 여름 채소농사에 실패해 조합에 잔뜩 빚만 졌다고 했다. 그래서 부인이 생활비라도 번다고 찐빵가게에 가서 품일을 하고 있다.

노씨는 나에게 고추를 그대로 말리지 말고 가위나 칼로 반을 잘라야 더 잘 마른다고 일러주고 갔다. 아닌 게 아니라 고추를 한 열흘 말려도 바싹 마르지 않았다.

평상 위에 널린 고추

땅벌의 공습

노씨가 간 뒤 가위를 찾고는 평소 잘 닫히지 않는 출입문을 힘껏 '꽝' 하고 닫았는데, 갑자기 왱—소리가 나더니 정수리와 귓바퀴 뒤에 불똥이 떨어진 듯 화끈했다. 나는 그대로 쓰러졌다.

출입문 위의 땅벌 집

잠시 뒤 정신을 차려 주위를 살펴보니, 출입문 바로 위에 땅벌 집이 있었고, 바닥엔 땅벌 두 마리가 쓰러져 있는 게 아닌가. 이 놈들이 문짝소리에 위협을 느꼈었나 보다. 그 가운데 두 마리가 내게 가미가제 특공대처럼 날아와 대침을 찌르고는 그 자리에서 즉사한 것이다.

비록 내게 엄청난 고통을 준 놈들이지만 곰곰이 생각하니, 그 충성심과 의기를 찬양하지 않을 수 없었다. 제 집이 위태로울 때 목숨을 바쳐서 집과 가족을 지키는 게 가장의 바른 도리가 아니겠는가.

순간 나는 땅벌 두 마리의 시체 위로 안중근 의사, 왕산 허위 선생, 윤봉길 의사, 동북항일연군의 허형식 장군의 모습이 그려졌다. 그분들은 나라가 외적에게 침략 당하자 땅벌처럼 외적의 정수리에 대침을 놓고 불꽃처럼 산화했다.

외적에게 빼앗긴 나라를 되찾았다면 나라는 마땅히 그 어른들을 최우선으로 모시고 그 후손들을 돌봐야 할 텐데, 오히려 외적에게 빌붙은 자들이 행세를 하고 그 후손들마저 아직도 활개를 치고 있다. 아직도 이름과 실제가 같은, 참 독립이 되지 않은 모양이다.

며칠 전, 중앙아시아 실크로드의 관문도시 키르키즈에 살고 있는 한 동포가 내게 왕산 선생의 손자 허블라지미르 씨의 하소연을 메일로 보내왔다.

"내 할배가 목숨 바친 나라가 우릴 모른다 하오! 우리는 인계도(아직도) 여기저기를 떠돌고 있지 않소? 내 자식들도 같은 떠돌이 신세란 말이요. 할배도……아부지도……나도……내 자식도……하!…… 기차오. 3대요? 무스거 소리요. 5대가 폭삭 망했습네다. 이거이 말이나 되는 소리요?……조선독립은 아직도 끝나지 않았소. 한국에 일하러 가려고 해도 비자도 아이주오. 그래도 우린 여기 살면서 고려 사람이라고 당당히 말하는데……."

나는 땅벌 두 마리 시체를 뒤뜰에 깊이 묻어줬다. 그러면서 땅벌보다 못한 사람들이 대부분이라는 생각이 들었다. 물론 나도 포함해서.

농사꾼들의 분노

점심을 먹은 뒤 느지막하게 읍내 우체국에 갔다. 오는 길에 농협 슈퍼에 들러 삼겹살 두 근과 소주 한 병을 사왔다. 무너진 벽을 고치는 노씨를 불러 그 자리에서 삼겹살을 구워서 소주잔을 주거니 받거니 하는데, 동네사람 김 아무개가 노씨를 찾아와서 자리를 함께 했다.

그 분도 이 마을에 혼자 사는 이다. 자연스럽게 아침 방송에 나온 최 아무개 할머니 이야기와 가족 해체의 세태에 대한 말이 오갔다. 김씨나 노씨는 늙을수록 부부가 해로해야 한다면서 이런 세태에 오래 사는 것은 오히려 욕이라고 했다.

그분들이 돌아간 뒤 오랜만에 9시 뉴스를 봤더니, 쌀 개방에 분노한 농사꾼들이 추수할 벼논을 트랙터로 갈아엎고, 볏단을 차에다 싣고는 군청에 가고, 다른 한편에서는 벼를 사과 박스에 담아 청와대로 보낸다고 야단이었다.

또 다른 뉴스는 굴비상자에 억대 뇌물을 담았다는 것과 부패정치 이야기였다. 여태 정치인들이 지난 악습을 고치지 못하고 억대 불법 정치 자금을 받은바, 국회윤리위원회에서는 어물쩍 면죄부를 주었다고 한다. 아직도 정치권에서는 백성들의 마음을 읽지 못하고 있다. 그들에게 바르고 깨끗한 정치를 기대하기보다 차라리 중국의 황하가 맑아지기를 기대하는 게 낫지 않을까?

일 백 년 전, 농사꾼들이 죽창을 들고 일어났을 때와 비슷한 일들이 벌어지고 있다. 그때 나라는 어떻게 되었는가? 역사를 두려워하지 않는 나라에는 똑같은 역사가 되풀이 된다고 한다. 외세에 빌붙은 이들과 탐관오리들을 대대적으로 솎아내지 않는 한, 반 토막 난 나라가 또 다시 결딴날 것 같다.

(2004/9/23)

왜 나는 보고 싶고 그리운 사람이 많을까

지난여름에 있었던 일

며칠째 가을볕이 좋다. 이런 볕이라면 곡식들이 잘 여물겠다. 오전부터 쓰던 글을 밀치고, 텃밭에 나가 남은 햇살을 즐기면서 고추를 따려고 막 일어서려는데 옆집 노씨가 찾아왔다. 그분은 올 때마다 내가 글 쓰는 데 방해가 되지나 않을까 하는 걱정에 늘 문 앞에서 겸연쩍어 했다.

마침 텃밭에 고추를 따려고 준비하는 중이라고 했더니, 그럼 잘 됐다고 했다. 그러면서 그 일은 내일로 미루고 읍네 장터에 가서 바람도 쐴 겸 막국수나 한 그릇 먹자고 했다. 어제 내가 장터에서 노씨에게 국밥을 신세졌기에 나도 그 빚을 갚을 기회라고 좋다고 하고는 신발을 고쳐 신고 따라나섰다. 그런데 노씨 집 앞 트럭에서 낯익은 농사꾼 박씨 내외가 차에서 내리면서 반갑게 인사를 하고는 앞좌석에 타라고 했다. 노씨와 박씨 말을 정리해 보면, 박씨 내외가 우리 동네로 잣을 따러 왔다가 돌아가는 길에 우리 내외에게 지난 여름에 진 빚을 갚으려고 막국수라도 대접하겠다고 노씨에게 부탁한 모양이었다.

농사꾼 박인규 최정희 씨 부부가 잣나무 아래서 수확의 기쁨에 웃고 있다.

지난 여름, 장마가 잠시 멈춘 어느 날이었다. 노씨가 장마로 앞 내에 고기가 많을 거라면서 천렵을 하자고 했다. 마침 투망질을 잘하는 상안리에 사는 박씨도 같이 하기로 했다면서 기왕이면 냇가에서 자리를 펴놓고 즉석에서 끓여먹자고 했다. 그래서 부인네까지 나서서 냄비랑 갖은 양념을 준비하여 물고기가 많이 잡힌다는 삼형제바위 냇가로 갔다.

박씨는 몇 차례 능숙한 솜씨로 그물을 던졌으나 물고기가 한 마리도 걸리지 않았다. 다시 장소를 강림면 월현리 냇가로 옮겨 투망질을 했으나 거기서도 마찬가지였다. 다시 다른 곳에도 투망질을 하면서 두어 시간을 헤매었으나 결과는 피라미 한 마리 잡지 못하였다. 미안해서 고개를 들지 못하는 박씨에게 나는 "원숭이도 나무에서 떨어진 날이 있다"고 말하면서 고개를 들게 했다.

돌아오는 길에 읍내 농협 슈퍼에 들러 돼지고기 삼겹살을 사다가 내 집 뜰에서 구워먹으면서 여름날 오후를 즐기다가 간 적이 있었다.

박씨는 내 아내와 노씨 부인도 함께 대접하겠다고 했지만, 아내는 서울에 갔고 노씨 부인은 찐빵 가게에 날품 팔러 갔기에, 두 남자만 따라 나섰다. 읍내 강릉 막국수 집에서 네 사람이 맛있게 먹은 뒤 트럭을 타고 돌아왔다.

때때로 졸업한 지 오래된 제자가 내 집으로 찾아오거나 시내 음식집으로 초대하여 만나고 보면, 그들은 나를 찾게 된 언틱거리를 이야기한다.

교통사고로 입원 중인데 선생님이 꽃을 사들고 문병 오셨다든지, 집안이 어려웠는데 마침 학비 감면 혜택을 주었다든지……, 나는 까마득히 잊고 있는데 그들은 아주 자세하게 그때의 이야기를 하곤 했다. 사람은 나이가 들수록 물심양면으로 빚진 사람을 찾게 되나 보다.

박은식 선생 유족이 백범 선생에게 진 빚

지난 1월, 여러 네티즌의 성금으로 권중희 씨와 함께 백범 선생 암살 배후를 밝히려고 미국 워싱턴에 갔을 때 많은 동포들의 도움을 받았다. 그때 자원봉사자 가운데 박유종(64) 선생은 임시정부 제2대 대통령 박은식 선생 손자였다. 선생은 미국 국립문서기록보관청(NARA)에 하루도 빠짐없이 출근하셔서 문서 검색에 한국전쟁 관련 사진 찾는 일에 열성적으로 도와주셨다.

내가 NARA의 사진을 복사해 와서 《오마이뉴스》를 통해 여러 독자에게 생생한 한국전쟁 관련 사진을 보여드릴 수 있었던 것도, 사진첩 《지울 수 없는 이미지》를 엮을 수 있었던 것도 모두가 박유종 선생의 도움 덕분이었다. 매번 내가 미안해하면 그런 말씀 말라면서 당신은 '선대의 빚을 갚고자 그런다'고 하셨다.

중국 상해에서 박은식 선생이 1925년에 돌아가신 뒤, 남은 가족들이 그곳에서 몹시 어렵게 살았는데 이따금 백범 선생이 동지 집을 찾아오셨다고 했다. 백범 선생은 동지 집을 찾으면 말없이 쌀뒤주부터 열어보시고 가신 뒤면 곧 쌀자루가 배달되었다고 했다. 그 이야기를 당신 어머니에게 귀가 아프도록 들었다면서, 백범 선생 생전에 그때 진 빚을 못 갚았으니 이제라도 그때의 은혜

NARA 5층 사진 자료실에서 《Korea War》 앨범을 펼치는 박유종 선생

를 갚는 마음으로 하는 일이니 개의치 말라고 하셨다.

　사람이 살다보면 다른 이에게 신세지는 일이 많다. 특히 내가 배가 고플 때 얻어먹는 한 그릇의 밥이나 한 푼의 돈은 천금보다 더 소중하게 기억에 남게 마련이다. 내가 평생 두고 못 잊어하는 분(외삼촌, 동대문시장 어머니, 가회동 어머니, 누하동 오거리 한약국 할머니……)도 모두 배가 고플 때 밥을 주시거나 학비를 보태주신 분들이다.

　깊은 가을 밤, 지난 삶을 되돌아보니 나는 많은 분들께 신세만 졌다. 그런 탓인지 보고 싶고 그리운 분이 많다. 남은 날 그분들에게 진 빚을 다 갚고 갈지 모르겠다. 아니 어떻게 다 갚고 가겠는가. 이미 고인이 된 분도 많은데…….

　대신 다른 이에게라도 베풀면 간접으로 은혜를 갚는 게 되지 않을까? 그보다 이제는 더 이상 다른 이에게 빚지지 않도록 자신부터 잘 관리해야 할 것 같다. 하지만 그 모든 게 내 뜻대로 되는 세상사가 아니지 않는가?

(2004/9/25)

더도 말고 덜도 말고 늘 한가위만 같아라

마을 어귀의 플래카드

"고향에 오심을 진심으로 환영합니다"
"추석 명절에 고향에 오심을 환영합니다"
"고향은 항상 여러분과 함께 합니다"

마을 어귀에 내걸린 플래카드의 글귀들이다. 바야흐로 민족이 대이동하는 팔월 한가위 전날이다.

한가위, 이날은 설날과 함께 가장 큰 명절이다. 이때는 오곡백과가 익는 계절인 만큼 모든 것이 풍성하다. 또 즐거운 놀이로 밤낮을 지내므로 "더도 말고 덜도 말고 늘 한가위만 같아라"는 말이 생겨났다.

얼마 전 들에서 일하는 농사꾼과 밭둑에서 이런저런 얘기를 나눴다. 마침 그 분은 고추를 따고 있었는데 잘 말려뒀다

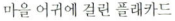
마을 어귀에 걸린 플래카드

가 다가오는 추석 때 자식들이 오면 줄 거라고 했다. 동네의 또 다른 집에서는 호박도 따고 밤도 따고 옥수수도 콩도 거둬들여서 알곡을 장만했다. 객지에 나가 있는 자식들이 추석에 오면 주려고 모두 그동안 바쁜 일손을 놀렸다.

나도 그제 고구마를 캤다. 제수용 부침개 감으로도 쓰고, 아이들이 돌아갈 때 주려고 고구마 줄기를 낫으로 걷고 삽과 호미로 캤다. 삽으로 두둑을 파헤칠 때마다 주먹보다 더 큰 고구마가 나왔다. 그때는 마치 낚시꾼들이 월척을 낚는 손맛이나 다름없었다. 갑자기 그 손맛을 아이에게도 맛보게 하고 싶어서 몇 고랑 남겨 두었다. 이른 봄, 아들 녀석이 고구마 두둑에 비닐을 덮어줬으니 추석 때 오면 저도 수확하는 기쁨을 맛보게 해야겠다는 아비의 헤아림 때문이다.

그리고 딸아이를 위해서는 아궁이 땔감을 마련했다. 마침 지난 여름 뒷산 어귀에 누군가 참나무 몇 그루를 쓰러뜨려 놓은 게 있어서 그것을 끌어다가 땔감으로 쓰려고 톱으로 잘라 두었다. 여기서 지내는 며칠 동안 따끈한 온돌방에서 푹 쉬어갔으면 좋겠다.

대목장 풍경

오늘 아침, 아내가 횡성 장에 가는데 같이 가자고 해서 따라 나섰다. 대목장이라고 장터는 여느 때보다 사람들로 더 붐볐다. 과일가게로, 생선가게로, 강정가게로, 건어물가게로…… 장터를 두세 바퀴 돌면서 제수를 마련했다. 50년 전 어린 시절로 돌아가 장터 노점에 앉아 감자 부침개와 즉석 튀김도 사먹었다.

내 어린 시절, 그때는 추석과 설을 무척 기다렸다. 맛있는

추석 대목장 풍경

음식을 배불리 먹을 수 있었고, 새 옷을 얻어 입을 수 있는 날이었기 때문이다. 새 신발에, 양말 한 켤레에도 매우 행복했던 그 시절이었다.

시골 장터에는 여태 인정과 낭만이 남아 있었다. 그것은 장사꾼과 장꾼 사이에 주고받는 대화와 덤이다. 추석 대목이라 싸게 판다는 판에 박힌 장사꾼의 거짓말을 장꾼은 곧이곧대로 들으면서 한 줌 더 주는 덤에 흐뭇해한다. 요즘 현대식 마트에서는 도저히 맛볼 수 없는 재래시장만의 진풍경이다.

기다리는 마음

누군가 사람은 일생 동안 기다리며 산다고 했다. 어려서는 일터에 간 부모를, 결혼 뒤에는 지아비 지어미를, 늙어서는 자식을 기다리며 산다고 했다. 나도 이제 자식을 기다리며 살아야 하는 때가 되었나 보다. 기다리는 삶은 그래도 행복하다. 희망이 있기 때문이다.

시골에 사는 부모들은 일년 내내 지어놓은 농산물을 마련하고서 객지에 나간 자식들을 기다리고 있다. 명절이 되면 도시에 사는 자식들은 길이 막혀도 마다 않고 고향의 부모를 찾고 있다.

하지만 고향에서 부모가 기다리는 줄 알면서도 찾아가지 못하는 자식들도 많을 게다. 초라한 몰골을 보이기 싫어서, 부모에게 빈손으로 갈 수 없어서……. 그러나 부모의 마음은 그런 자식을 더 기다린다.

차례상에 빼놓을 수 없는 어물을 사는 장꾼들

이번 한가위에는 가족들이 모두 다 만나는 명절이 되었으면 좋겠다. 설혹 고향을 찾지 못한 자식도 부모에게 전화 한 통이라도 주고받으면서 다음 명절에는 꼭 만났으면 좋겠다.

갑자기 '솔베지의 노래'가 듣고 싶다. 내 아이들도 다른 귀성객들도 모두 편안히 오가기를 빌면서…….

(2004/9/27)

아무리 빈약한 차례상에도 꼭 놓이는 밤과 대추

콩나물도 덩달아 대목을 보고 있다

집에 두고 온 손자 손녀 몸에 맞을지
눈대중을 하는 할머니들

골라잡아 5천 원,
이 신발을 신은 아이들은 얼마나 행복할까?

강정 집 아저씨도 눈코 뜰 새 없다

무더기 1천 원, 할머니도 대목장을 보고자
온갖 푸성귀를 다 가지고 오셨다

고국의 가을 소식을 띄웁니다

송뢰(솔바람) 형에게

형이 지난번 편지에 추석 전에는 꼭 귀국한다고 말씀하셔서, 며칠 전부터 집으로, 손전화로 여러 차례 번호를 눌렀습니다. 그러나 신호만 갈뿐 아무도 받지 않은 걸 보니 여태 귀국하지 않으셨나 봅니다.

지금 우리는 '지구촌' 시대에 산다고 하지만, 그래도 한국과 미국은 먼 나라이기에 마음대로 드나들기가 쉽지 않을 테지요.

미국에 사는 형의 아드님에게 국제전화 번호를 누르려다가 인터넷 신문 《오마이뉴스》에 사연을 올립니다. 아직도 국제전화를 아무렇지도 않게 누를 만큼 제 생활이 거기에 익숙지 않았고, 요즘에는 인터넷은 시공을 초월하여 전 세계로 전파되므로, 형이 어디에 계시든 이 편지를 쉬 받아볼 수 있기 때문입니다.

지난 여름, 캘리포니아 라스베가스 근교 '죽음의 계곡(Death Valley)' 에서 형이 보내준 편지 잘 받고 답장도 못 드렸습니다.

초가을 산길, 아직은 초록이 산을 덮고 있다

지하 일 천 피트의 두터운 소금층 위에
뿌리를 내린 이름모를
자줏빛 꽃이 미풍에 파르르 떨며
나그네를 맞이하는 해발 −86 미터.

여름 철 최고 기온이 섭씨 58.3도나 되는
'배드워터'에 괸 짜디짠 소금물에도
자그마한 물거미 같은 생물이 수면 위로 자맥질하는
생명의 경이.

2억 년 전 바다 밑이 솟아오르고,
5천 년 전 소금물 호수가 물이 말라 돌소금의 마른 바다가 된 이곳.

황량한 자갈무덤, 물결처럼 구름진 거대한 흙더미 사이로
건너편 낮은 하늘에 희미한 낮달이 걸려 있다.

연 강수량 제로(2mm 미만) 지대로
9천 년 전부터 인디언이 살았고,
골드러시 때(1849) 서부로 가던 개척자들이 이곳을 지나다가
구사일생으로 살아남아 붙여진 이름이
'죽음의 계곡(Death Valley)'

> 그곳 뜨거운 천연 한증막 속에
> 3천만 평방마일로 끝없이 펼쳐진
> 소금밭을 이국의 나그네가 맨발로 걷는,
>
> 아, 타는 목마름의 사랑이여!

형이 한국에 없으니 저는 마치 키를 잃은 배 같습니다. 형이 곁에 있으면 혼자 해결할 수 없는 일이 생겨도 형과 상의하면 저절로 풀리기도 하고 해결책도 쉬 찾을 수 있었지요.

형은 정말 심지(心志)도 굳고 크셨습니다. 지난날 대부분 사람들은 눈앞의 부정부패와 부조리에 시비선악도 가리지 않고, 현실에 안주하면서 힘 센 자가 던져준 북어대가리에 꼬리를 치면서 받아먹느라고 정신없었지요.

아니 배운 사람들이 더, 다른 이보다 더 많이 먹겠다고 권력자의 밑구멍까지 핥아주면서 더 힘차게 꼬리치는데, 형은 그런 삶을 분연히 거절하고 서울 도심 학교를 떠나 산업체 부설학교로 가서 가난한 노동자들의 스승이 되셨지요.

그뒤 형은 산업체 부설학교마저 폐교되는 가시밭길을 걸

길섶의 들국화(왼쪽)와 꽃밭(오른쪽)

으면서도 단 한 번도 어려움을 내색하지 않았습니다.

가을 풍경을 담아 형에게 띄웁니다.

저는 서울 생활을 접고 산촌으로 내려온 지 그새 6개월이 지났습니다. 나무도 어린 묘목 때 옮겨 심어야 뿌리가 잘 내리는데, 고목으로 그것도 생면부지의 땅에 뿌리를 내리자니 적잖은 고통이 따랐습니다.

애초의 생각보다 글 쓰는 일이 활발하지 못합니다. 하지만 이 일은 조급한 마음을 가진다고 될 일도 아니라서, 느긋하게 저 자신을 흐르는 세월에 띄우며 유유자적하고 있습니다. 언젠가 흐트러진 마음이 저절로 다잡아지기를 기대하면서.

오늘은 추석 명절이라고 찾아온 아이들을 떠나보낸 뒤 허전함을 달래려고 카메라를 메고 무작정 나섰습니다. 발길 닿는 대로 산길 들길을 거닐며 가을 풍경을 담아 먼 나라에 계시는 형에게 띄웁니다.

외국의 경치가 아무리 뛰어난들 내 나라의 풍경과 견줄 수가 있겠습니까? 저도 그동안 여러 나라를 돌아다녀 봤지만, 우리 국토만큼 아름답고 정감이 가는 곳은 없었습니다. 우리 세대는 치즈나 버터보다 아무래도 된장과 김치가 더 좋은가 봅니다.

곧 고국에는 단풍이 아름답게 물들 것입니다. 올 가을 형과 함께 설악의 한계령 미시령 단풍 숲에 우리도 시뻘겋게 물들기를 고대해 봅니다.

송뢰 임무정 형, 만날 때까지 건강하십시오.

2004. 9. 29.

고국에서 아우 박도 올림

억새가 있는 산길

가을 들길의 들국화

코스모스가 피어 있는 들길

늦둥이의 슬픔

곧 서리가 내리는 계절

어제는 가을을 재촉하는 비가 내렸다. 온종일 방송에서는 이번 비가 그치면 내일부터는 기온이 뚝 떨어질 거라고 예보했다. 그리고 내일부터는 강원 산간지방에는 서리가 내릴 거라고도 했다. 서리가 내린다는 것은 화초나 농작물 등 대부분 일년생 식물이 그해 더 자랄 수 없음을 뜻한다.

오늘 아침은 더 없이 청명한 쪽빛 가을 하늘로, 예보대로 쌀쌀했다. 날씨는 차갑지만 가을볕은 더 없이 좋았다. 바짝 서둘러 텃밭에 작물들을 거둬들여야겠다고 생각했다. 우선 집 어귀에 심은 수세미부터 마저 거둬들였다.

지난번에 따 둔 것과 오늘 거둔 것까지 합치니 모두 열 개나 되었다. 그 가운데 두 개는 썩은 것 같아서 버리고, 가장 충실해 보이는 것은 종자감으로 하나 남겨뒀다. 모든 게 서투른 얼치기 농사꾼이라 막상 수세미를 거둬들이기만 했지, 어떻게 부엌에서 쓰는 수세미로 만드는지는 몰랐다.

마침 옆집 작은 노씨가 와서 솥에다가 물을 끓여서 거기다가 푹 삶으면 껍질이 잘 벗

늦은 가을볕에 자라는 늦둥이 수세미들

겨지고 그걸 볕에다가 말리면 된다고 했다. 노씨의 말대로 양동이에 물을 끓이고는 거기다가 수세미를 넣고 푹 삶은 다음 찬물에 넣고 껍질을 벗기자, 뱀 허물 벗겨지듯이 잘 벗겨지면서 하얀 수세미가 나왔다. 그 놈을 볕에다가 말렸다.

거둬들인 수세미들. 맨 왼쪽의 것은 종자 감

그런데 수세미 줄기에는 아직도 여덟 개의 수세미가 더 달려 있었다. 가장 큰 놈은 30여 센티미터 정도로 이 놈은 이제라도 따서 삶아내면 수세미로 쓸 수 있을 것 같았다. 다음 놈은 20여 센티미터로 한 열흘 더 자라야 수세미로 쓸 수 있을 성싶었다. 그 다음 놈은 10여 센티미터로 고추만하다. 그 나머지 5개는 5센티미터 미만으로 한 달 이상은 더 자라야 수세미 구실을 할 수 있는 늦둥이들이다.

나는 이 여덟 개의 수세미들을 그대로 두고 관찰할 예정이지만, 아무래도 가장 큰 놈을 뺀 나머지 것들은 제대로 자란 수세미가 되지 못하고 서리에 시들어 버릴 것만 같다. 특히 5센티미터도 안 되는 어린 수세미를 보자 마치 쉰 살에 둔 늦둥이처럼 연민의 정이 갔다.

늦둥이에 대한 애정

한 세대 전만 해도 피임법이 보급되지 않아서 부부가 생식능력이 있는 한 자식을 낳았기에 여자들은 쉰이 되도록, 남자들은 좀 심한 경우 일흔까지 자식을 보기도 했다. 10대부터 낳은 아이를 쉰이 될 때까지 낳았으니 보통 가정에도 열 명 남짓 두는 경우도 흔했다. 그래서 며느리를 본 뒤에도 자식을 가져서 며느리가 시어미 해산 뒷바라지하는 일도 없지 않았다. 내 초등학교 친구 가운데도 조카보다 나이가 어린 삼촌이 있었다.

늦게 낳은 자식은 '막둥이'이라 하여 부모들이 다른 자식보다 더 애지중지 키운다. 어쩌면 당신이 다 키우지도 못하고 세상을 뜰지도 모른다는 생각 때문일 게다. 그래서 불쌍하다고 젖도 매정스럽게 떼지 않고 심한 경우는 초등학교 다닐 때까지도 막둥이들에게는 젖을 물리곤 했다.

나이 든 부모가 막둥이에게 더 정이 가는 것은 인지상정인지도 모르겠다. 자신들의 능력이 쇠잔해지는 것을 빤히 알면서도 어쩔 수 없이 낳아서 기를 때, 부모로서 할 도리를 다하지 못할 것 같은 불안감에 어린 자식에게 불쌍한 마음이 드는 것은 당연할 게다.

사실 그 무렵에는 노인들이 환갑을 넘기고 사는 이가 드물었으니 막둥이를 다 키우지 못하고 세상을 뜬 경우가 많았다. 모두들 가난한 시절이라 부모 유산이라도 제대로 있을 리가 없다. 형과 누나들은 제 자식 거두기도 빡빡한데 아무래도 막내 동생에 대한 사랑이 자식만큼이나 미치겠는가.

내 어머니는 늦둥이였다. 어릴 때 아명이 '끝임이', '끝순이'였다. 외할머니가 마흔이 넘어서 낳았다. 큰 이모와 어머니는 모녀처럼 나이 차이가 났다. 다행히 외할머니 외할아버지가 오래 사셔서 늦둥이 시집간 것 다 보시고 외손자인 나에게까지 사랑 땜을 하셨다. 그런데 잘 나가던 막내 사위가 기우뚱, 하루아침에 쓰러지자 막내딸의 친정 출입이 잦았다. 늙은 부모로서는 이미 살림을 자식들에게 모두 물려준 터라 어찌 마음이 아프지 않았겠는가.

내가 중학교 다닐 때 매 분기마다 학비를 얻으러 외가에 갔다. 돌아올 때 외삼촌이나 외숙모에게는 차마 학비 얘기는 꺼내지 못하고 외할머니한테 가서 훌쩍거렸다. 그러면 외할머니가 슬그머니 외삼촌에게로 가서 "걔 학비 낼 때가 된 모양이다"고 하시면 외삼촌이 나를 불러 손에 학비를 쥐어 주셨다. 그런 나를 떠나보내고 외할아버지나 외할머니는 당신 마음대로 듬뿍 떼 줄 수 없어서 얼마나 마음이 아프셨을까?

남은 가을볕에 어서 자라기를……

지금 나는 이 글을 쓰면서 이제 얼마 남지 않은 가을볕에 안간힘을 쓰며 매달린 수세미 열매를 애잔한 마음으로 바라보고 있다. 가을바람에 하늘하늘 흔들리는 수세미 위에 늦둥이 내 어머니가 겹쳐져서 눈시울을 적셨다.

그리고는 가위를 들고 수세미에게로 가서 남은 놈들이 잘 자라도록 가장 큰 놈을 잘라 주었다. 나머지 일곱 늦둥이가 하루라도 빨리 영글기를…….

(2004/10/2)

■ 서른여덟 번째 편지 ‖ 생쪽 물들이기

쪽빛 바다가 바로 이 빛깔이오

오묘한 색의 조화

이른 아침, 아내가 뒤뜰에서 불렀다. 오늘은 날씨도 좋고 곧 서리가 내릴 것 같다면서 뒤뜰에 심은 쪽 풀을 베어 옷감에 물을 들인다고 했다. 그러면서 바구니와 낫을 가지고 와서 쪽 풀을 베어 달라고 부탁했다.

아내는 내 글에서 자기 얘기가 나오는 것을 몹시 꺼린다. 글쓴이들이 별 것 아닌 일을 가지고도 배우자 얘기를 잔뜩 늘어놓는 게 보기가 좋지 않았던 모양이다. 나 또한 그렇다. 그

명주에 생쪽 물을 들이다

런 탓인지 내가 꽤 여러 권의 책을 내면서도 아내 이야기는 별로 쓰지 않았고, 꼭 써야 할 경우도 단역으로 처리한 경우가 많았다. 그래서 아내 친구들에게서 자기 부인을 푸대접한다는 항의도 몇 차례 받았다. 그런데 이제는 이 안흥 산골에서 단 둘이 지내게 되니, 여기로 온 뒤로는 아내 얘기를 빼 놓으면 얘깃거리가 없다.

우리 부부는 서로의 영역은 거의 간섭하지 않는다. 솔직히 나는 아내가 뒤뜰에 쪽을 심은 줄도 몰랐다. 오늘에야 아내로부터 들은 말인즉, 지난 봄 전남 보성에서 천연염색 전문가 무색 씨에게 쪽 씨앗을

얻어다가 시험 삼아 뒤뜰에 뿌렸다는 것이다. 많은 전문가들이 강원도 지방에서는 위도상 잘 안 될 거라고 부정적으로 말했다고 한다.

그런데도 쪽은 잡초더미 속에서도 40~50cm씩 잘 자랐다. 그 놈을 베어다가 바구니에 담은 뒤 아내와 함께 잎을 따서 플라스틱 대야에 담았다.

아내는 다 따낸 쪽 잎을 물에다가 깨끗이 씻은 다음, 손으로 짓이겨 고운 망에 넣고는 스테인리스 대야 안에서 주물럭거리며 쪽물을 우려냈다. 더 좋은 쪽물을 들이려면 찬물에다 우려내야 한다면서(고온이면 제 빛깔이 나지 않는다고 한다) 냉동실에서 꽁꽁 언 물병을 대야에 담가 놓고 계속 고운 망 속의 쪽을 주물렀다. 스테인리스 대야는 곧 초록의 쪽물로 가득찼다.

아내는 깨끗이 정련한 명주를 꺼내 그 쪽물에 담갔다. 곧 명주 천에는 쪽물이 천천히 스며들었다.

쪽 풀과 잎

쪽잎을 따고 있다

나는 글을 쓸 때 걸핏하면 '쪽빛 하늘', '쪽빛 바다'라며 쪽빛이라는 말을 썼다. 교단에서는 학생들에게 '청출어람'(靑出於藍; 푸른 물감은 쪽 풀에서 뽑아낸 것이나 그보다 더 푸르다. 스승보다 제자가 더 뛰어남을 이름)이라는 고사 성어를 숱하게 가르쳤지만 한 번도 쪽이나 쪽물이 드는 현상을 보지 못했다. 교단 일선에서 물러난 지금에야 뒤늦게 그것을 체험한다. 정말 신기하게 쪽물에 든 명주는 '쪽보다 더 푸른 빛'을 띠었다.

아내의 손끝에 따라 쪽빛도 여러 빛깔을 띠었다. 물을 한 번 들이느냐, 두세 번 들이느냐에 따라 달라졌다. 나는 오묘한 색의 조화와 그 변화에 흠뻑 빠져 들었다.

무궁무진한 천연염색

과학 문명이 발달할수록 인간은 자연에 대한 향수가 짙어가나 보다. 최근 그런 바람이 거세게 일고 있다. 과학 문명이 아무리 좋은 화학 염료를 개발해도 자연의 염료에 미칠 수 없음을 사람들은 이제야 알게 되었다.

마침내 쪽물이 든 명주

화학 염료는 수질을 오염시키고 인체에 피부염을 일으킨다. 그리고 그 빛깔이 천편일률적이고 그 깊이가 얕다. 이에 견주어 천연염색은 그 재료가 무궁무진하다. 식물의 뿌리, 줄기, 잎, 꽃 등이나 벌레나 벌레집에서도 색소를 얻을 수 있고, 황토나 숯에서도 염료를 얻을 수 있다.

천연염색은 인체에도 좋은바, 특히 피부와 맞닿는 속옷은 천연염색 옷감이 좋다. 피부에 부스럼이 생겼을 때 화학 염료의 옷을 입으면 그 부스럼이 덧나기 쉬

우나 천연 염료의 옷을 입으면 자연 치유가 된다.

현대는 개성의 시대요, 다양화 시대다. 천연염색을 하는 이는 자기 취향에 따라 천연의 염료로 여러 빛깔을 연출할 수 있고, 오묘한 빛깔의 깊이를 마음껏 드러낼 수도 있다. 내가 지난번 미국에 갔을 때 아내가 천연염색한 넥타이를 번갈아 맸는데 동포들, 특히 여성들이 넥타이 빛깔에 감탄하면서 어디서 산 것이냐고 많이 물었다.

생쪽 물들이기를 마친 아내는 염색한 명주를 그늘에서 말렸다. 그래야 물이 곱게 들고 그 빛깔이 날리지 않는다고 했다. 전문가들의 예상과는 달리 강원도에서도 쪽 재배가 가능하고 생쪽 물도 들일 수 있음을 확인한 아내는 매우 만족하는 눈치였다. 나는 지금 아내가 염색해 준 속옷을 입고, 황토로 염색한 이불을 덮고 자고 있다.

요즘 들어 '참살이(웰빙)' 바람 탓인지 천연염색을 배우는 이가 부쩍 늘고 있다. 과학문명 만능주의에 빠지지 않고 자연을 우선시하는 사람이 차츰 늘어난다는 건 참으로 다행한 일이다.

(2004/10/4)

미국 국립문서기록보관청 자료실에서 필자(도토리에다가 느릅나무 뿌리의 껍질로 염색한 넥타이를 메고 있다)

①쪽을 짓이겨 고운 망에 담고 있다

쪽빛 바다가 바로 이 빛깔이오 | 179

② 쪽이 담긴 고운 망을 주물러 쪽물을 우려내고 있다

③ 쪽물에 명주를 넣어 물을 들이고 있다

④ 물을 들이는 횟수와 시간에 따라 옷감의 색깔이 달라진다

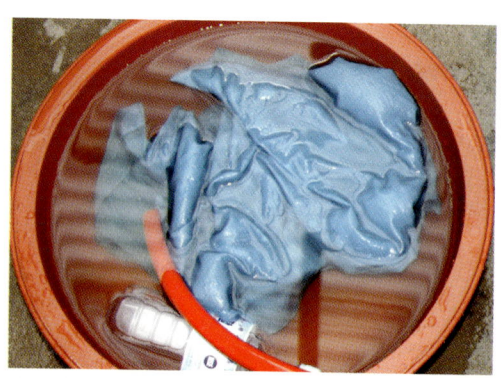
⑤ 쪽물을 다 들인 명주는 맑은 물로 헹군다

천연염색의 황홀한 빛깔 잔치(1)

정성을 들인 만큼 빛깔이 나온다

오늘 날씨는 끝내주게 좋았다. 가을걷이나 타작하기에도, 단풍놀이 가기에도 무척 좋은 날씨였다. 아내가 염색하러 간다기에 따라 나섰다. 지난번 쪽 염색을 지켜보았더니 풀빛이 쪽빛으로 물이 드는 게 매우 신비로웠다. 오늘은 염색하기에도 비단에 수를 놓은 만큼 좋은 날이다.

염색장은 지난번 귀농학교 실습생들이 벼를 베었던 강원도 횡성군 서원면 금대리 전 횡성농민회장 댁 농막이었다. 염색장의 입지 조건으로 우선 물이 흔하고 건조장이 넓어야 한다. 회장댁 농막은 이 두 조건을 잘 갖추고 있었다.

천연염색한 옷감을 그늘에 말리고 있다

다섯 사람의 천연염색꾼.
왼쪽부터 오숙민, 한영미, 김성희,
김현일, 선애진 씨

　　오늘 아내와 함께 염색하는 이는 횡성여성농업인센터 회원들로 오숙민, 한영미, 김현일, 선애진씨 등 모두 다섯 사람이었다. 모두 천연염색을 여러 번 해 본 솜씨로 손에 매우 익었다.

　　나는 천연염색을 잘 모르기에 '인드라망공동체 가을 한마당'에 출품할 작품 준비로 바쁜 회원들에게 말을 처음 배우는 아이처럼 몹시 귀찮게 굴면서 열심히 메모하고 사진을 찍었다. 오늘 염색만도 소목, 호장근, 꼭두서니, 밤송이 등으로 한 가지 염색에도 그 과정이 매우 복잡하고 빛깔이 무궁무진한데 한꺼번에 다 배우려는 것은 욕심이라고 아내가 나무랐다. 곁에서 옷감에 천연 색이 물드는 것을 지켜보니까 옷감의 종류, 염액의 농도, 염색 횟수와 시간, 매염제에 따라 빛깔이 모두 달랐다.

　　옷감이 천연 염료에 염색이 된 것 같아도, 실은 색소가 섬유에 흡수된 상태에 지나지 않기 때문에 어떤 재료를 써서 확실하게 옷감에 색상을 고착시켜야 하는데 이를 '매염(媒染)'

이라 하고, 이 재료를 일러 매염제라 한다. 천연 매염제로는 백반, 산화철, 나무 재, 식초가 많이 쓰인다고 한다.

깨끗이 정련된 명주를 염액에 넣자 옷감에 발색(스며들어 색깔이 남)되는 게 아주 신기했다. 염색꾼들은 정성스레 몇 번이나 물이 잘 들도록 옷감을 잘 펴주고 뒤집어주었다. 일단 발색된 옷감은 맑은 물이 나올 때까지 여러 번 헹궈준 뒤 매염제를 풀어놓은 물에다가 담근다. 매염 뒤 다시 염색하고 마지막 매염제는 백반과 철을 나누어서 매염했다.

먼저 소목 염색 위주로 사진과 함께 설명한다.

① 염액을 거르고 있다

② 옷감(옥사)을 염액에 담근다

③ 얼룩이 지지 않도록 옷감을 잘 펴고 뒤집어준다

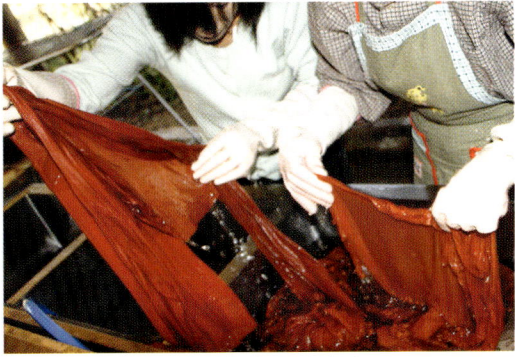
④ 염색한 옷감을 깨끗이 헹군다

⑤ 1차 염색한 옷감에 매염을 한다

⑥ 염색이 끝난 뒤 그늘에 말리고 있다(백반 매염)

⑦ 소목 염색 가운데 철 매염을 한 명주

⑧ 소목으로 염색한 명주(왼편은 백반 매염, 오른편은 철 매염으로 매염제에 따라 색상이 다르다)

이 글을 쓰면서 이승철 씨가 지은 《자연염색》을 참고하였습니다.

(2004/10/20)

천연염색의 황홀한 빛깔 잔치(2)

문명이 발달할수록 자연은 더 존귀해진다

로봇이 발명되어 처음 상용될 때의 이야기다. 일본의 한 백화점에서 로봇을 백화점 어귀에 세워놓고 들어오는 손님들에게 인사를 시켰다. 처음 얼마 동안은 백화점 손님이 부쩍 늘어났다. 로봇이 사람처럼 말하고 인사하는 게 무척 신기해서 고객들이 그것을 보려고 백화점에 몰려들었기 때문이다.

하지만 한 달도 채 지나지 않아 사람들이 로봇을 외면했다. 로봇의 똑같은 인사말과 움직임, 그리고 무감정에 사람들은 곧 싫증을 느꼈기 때문이다. 백화점 쪽은 결국 비싸게 산 로봇을 본전도 못 뽑고 치워 버렸다는 기사를 한 잡지에서 읽은 적이 있었다.

문명과 기술의 발달로 사람들은 조화를 마치 생화처럼 만들고 있다. 하지만 생화인줄 알았던 꽃이 조화임을 알게 되는 순간, 사람들은 속았다는 생각에 아름다움은커녕 오히려 역겨움을 느낄 것이다.

이처럼 과학의 발달로 자연물과 비슷한 인공 제품들이 쏟아져 나온다 해도 자연의 오묘한 아름다움에는 미칠

호장근으로 염색한 명주의 현란한 빛깔(백반 매염)

수 없다. 아마 앞으로도 마찬가지일 것이다. 이는 과학 문명의 한계요, 자연의 위대함이다.

염색 세계도 마찬가지다. 천연의 빛깔은 화학의 색보다 더 깊이가 있고, 색상이 은은하며, 느낌과 촉감도 좋다. 때문에 천연염색 제품과 화학염색 제품은 가격의 차이도 매우 크다. 최근 세계 의류시장의 최고급은 천연 옷감에 천연염색이 차지하고 있다고 한다. 이는 과학 문명이 발달할수록 천연 제품이 더 존귀해지는 한 예이다.

우리나라도 요즘 한창 '참살이(웰빙)' 바람이 일고 있다. 이는 물질문명과 공해에 찌든 현대인들이 신선한 자연에서 그 돌파구를 찾으려는 친환경 생활운동을 일컫는 말이다. '신토불이(身土不二)'라 하여 먹을거리로 우리 토산품이 대접받듯이, 바야흐로 이제는 입을 것도 우리의 재래 옷감과 고유의 빛깔이 최고로 대우받는 시대로 접어들고 있다. 우리 재래의 옷감에 천연염색한 제품이 세계 시장에서 최고 상품으로

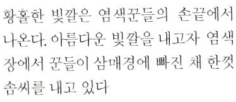
황홀한 빛깔은 염색꾼들의 손끝에서 나온다. 아름다운 빛깔을 내고자 염색장에서 꾼들이 삼매경에 빠진 채 한껏 솜씨를 내고 있다

평가되는 날이 곧 오리라 믿는다.

이번 글에서는 앞에 소개한 소목 염색에 부족한 부분을 덧붙이며, 아울러 호장근 염색의 진수를 보여드리고자 한다.

소목은 소방목, 소방, 단목, 목홍 등 다양하게 불리며, 생산지는 따뜻한 지방으로 미얀마, 인도, 중국 등이다. 예로부터 소목은 이들 나라로부터 수입하여 널리 사용한 염색 재료로 신라시대에는 '소방전'이라는 염색기관을 두었다고 한다.

소목에는 다양한 색소가 들어있는 게 특징으로 그 변화무쌍함이 카멜레온과 같다. 염색 재료는 시중의 한약재상에서 구할 수 있는데, 황갈색이 강하고 광택이 있는 게 좋다. 좋은 재료라야 화사한 홍색을 얻을 수 있다.

또, 호장근은 호장, 반장, 이상, 반홍조, 범승아 등으로 불리며 우리나라 전국의 산과 들에서 볼 수 있는 여러 해 살이 풀로서 이뇨, 통경, 진정제로도 쓰인다.

이날 염색꾼들이 쓴 매염제는 모두 정제된 것으로 물을 오염시키지 않는다고 한다.

① 호장근을 끓인 뒤 고운채로 염액을 거른다

② 염액이 좋아도 염색할 옷감이 깨끗해야 물이 잘 든다. 염색하기 전에 미리 명주를 깨끗이 빨아둔다

③ 염색이 잘 되게 옷감을 펴주고 뒤집어 준다

④ 물로 헹구면서 염색 상태를 자세히 살핀다

⑤ 매염을 하고자 백반을 풀어놓은 물에 1차 착색된 옷감을 넣고 있다

⑥ 염색이 끝난 옷감을 그늘에 말린다

⑦ 염색장에서 말리는 천연염색이 물든 현란한 빛깔의 옷감들

⑧ 깊고 그윽한 천연의 빛깔들, 누가 이런 빛깔을 만드셨을까?

이 글을 쓰면서 정옥기 씨가 지은 《내 손으로 하는 천연염색》과 농촌진흥청에서 나온 《천연염색》을 참고하였습니다.

(2004/10/24)

천연염색의 황홀한 빛깔 잔치(3)

이제는 무공해, 친환경 제품이 사랑받는 시대다

나는 어린 시절 할아버지 할머니 품에서 자라면서 시골에서 초등학교를 다녔다. 방학 때면 부산에 사시는 부모님 곁에 가서 지냈는데, 초등학교 3학년 여름방학에 내려갔더니 어머니께서 그 무렵 최첨단 옷감인 나일론 남방셔츠를 사 주셨다. 방학이 끝난 뒤 다시 시골로 와서 그 옷을 입고 다니자 소문이 삽시간에 퍼져서 아이들이 나일론 옷감을 한번이라도 만져 본다고 법석을 떨었다.

그 무렵 나일론 옷감은 최신 옷감으로 사람들에게는 꿈의 옷감이었다. 곧 나일론 바람은 태풍처럼 몰아쳐서 온 나라에 유행했다. 지금은 거지들도 입지 않을 나일론 치마저고리가 그 무렵 여인들에게는 최상의 나들이옷으로, 나일론 옷감바람이 전국을 온통 휘감았다.

이 나일론 옷감이 의류계에 일대 돌풍을 몰고 온 까닭은, 옷감이 질기고 손이 덜 가기 때문이었다. 사실 우리 재래의 무명이나 명주, 삼베, 모시는 잘 해지고 손이 많이

밤송이(왼쪽)와 쪽두서니(오른쪽)로 염색한 명주

갔다.

그런데 나일론 옷감은 질길 뿐 아니라, 세탁도 간단해서 세탁 뒤 물을 뺀 다음 한두 시간만 말리면 다림질하지 않고도 입을 수 있었기에, 한복 손질에 시달렸던 주부들에게는 일대 혁명이 아닐 수 없었다. 그래서 나일론은 쓰이지 않는 데가 없을 만큼 온통 나일론이 판을 쳤다. 나일론 양말, 나일론 스타킹, 나일론 팬티…….

그 당시에는 '나일론'이라는 말도 유행이였다. 쉽고 편리한 것에도 '나일론'이라는 말이 붙었고, 가짜, 얌체, 요령꾼을 이르는 말에도 '나일론'이라는 말이 붙어다녔다. 한 예로 군대에서 '나일론' 환자란 교육받기 싫어서 일부러 아픈 척 꾀병부리는 이를 두고 하는 말이었다.

1950, 60년대 이러한 화학섬유 열풍은 이 땅에 뽕나무가 사라지게 했고, 목화나 삼 재배도 자취를 감추게 했다. 화학섬유 공장에서 대량 생산되는 나일론, 폴리에스테르, 아크릴 같은 화학섬유에 명주나 무명이나 삼베 옷감은 값이나 생산량에서 도저히 경쟁이 될 수 없었다. 자연히 뽕나무를 베고, 목화나 삼 대신에 다른 작물을 심고, 베틀은 아궁이나 박물관으로 갔다. 더는 베를 짜려는 이도 없었다.

1차 염색한 옷감에 매염하고 있다

하지만 화학섬유로 온통 몸치장한 사람들이 화학섬유의 단점에 눈 뜨게 되면서 그 열풍은 서서히 걷히게 되었다. 이제는 화학섬유는 저질에 값싼 옷감이 되었고, 자연섬유인 명주나 무명, 삼베나 모시가 고급 천연섬유로 대접받는 시대가 되었다. 염색의 세계도 마찬가지다. 이제는 의식주에서 양보다 질의 시대다. 공해가 없고 친환경 제품이 사랑받는 시대다.

천연염색의 재료는 무궁무진하다. 봉선화, 쑥, 포도, 감, 양파, 도토리, 뽕나무, 소나무껍질, 진달래, 은행나무, 칡뿌리 등등 산과 들에서 나는 대부분 초목들은 그 재료가 된다. 그래서 이 분야는 얼마든지 개발할 수 있는 신비의 세계다. 젊은이들이 한번 도전해 볼 만한 분야라고 생각한다.

이번에는 '꼭두서니', '밤송이' 염색 소개를 하면서 마무리를 짓고자 한다.

꼭두서니는 '천(茜)' 또는 '가삼자리'라고도 하는 여러해살이 야생초로 중국과 한국이 원산지다. 줄기는 네모나고 속은 비었으며 잔 가지가 있다. 잎은 둥글며 끝이 뾰족하고 마디마다 네 장씩 나온다. 가을에 꽃잎 다섯 장이 하얗게 통꽃으로 된다. 동그란 열매는 파랗게 열린다. 익으면 자줏빛이 난다. 뿌리는 가늘고 여러 갈래로 나며 어린 뿌리는 황색이며 굵은 뿌리는 검붉다. 염색에는 뿌리를 쓰는데 굵고 붉은 색조가 많은 것이 좋다. 꼭두서니는 매염제에 따라 색상 변이가 심하다.

밤나무는 참나뭇과의 낙엽 교목이다. 전국 야산 어디에나 흔하게 분포된 밤나무는 줄기, 나무껍질, 잎, 낙화, 밤송이, 속껍질과 겉껍질 등이 모두 염재로 쓴다. 백반 매염에서는 갈색 기운이 나오고, 철 매염을 하면 회색빛을 얻을 수 있다.

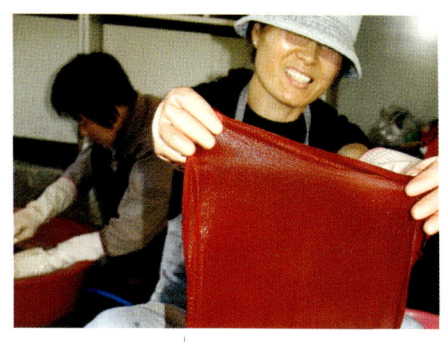

염색꾼의 염화미소

어디서 이런 빛깔이 나왔을까

꼭두서니의 현란한 쇼

밤송이 빛깔에 물든 명주

밤송이 빛깔의 화려한 변신(오른쪽)

가을바람에 나부끼는 다홍빛 엷은 스카프

이 세상에 이보다 더 우아한 빛깔이 있을까

이 글을 쓰면서 정옥기 씨가 지은 《내 손으로 하는 천연염색》과 이승철 씨가 지은 《자연염색》을 참고하였습니다.

이날 물들인 천연염색 작품은 2004년 11월 7일 일요일에, 서울 강남구 삼성동 봉은사에서 열리는 '2004 인드라망생명공동체 가을한마당'에서 전시 판매하였습니다. (2004/10/25)

'안흥찐빵' 잡수러 오십시오

사람보다 찐빵으로 더 유명한 고장

내가 요즘 연재하고 있는 《안흥 산골에서 띄우는 편지》는 그동안 실었던 다른 어느 기사보다 독자들의 관심이 크다. 이는 도시에 사는 독자들 가운데, 언젠가는 시골로 가서 살아야겠다는 꿈을 지닌 사람이 많은 탓으로 본다. 오늘 아침에 컴퓨터를 켠 뒤 쪽지함을 열자, 문학평론가인 고종아우 김윤태 교수에게서 메일이 왔다.

"저는 형님과 형수님의 안흥 생활에 대한 기대가 큽니다. 형님의 글이나 사진을 통해서 느끼는 것이지만, 저희 부부도 가끔 이야기합니다. 우리도 10년 뒤쯤에는 저렇게 살자고 말하곤 하지요. 형님께서 터를 잘 닦아두시기 바랍니다. 그러면 저희들이 이어갈 테니……. 윤철 형이나 저나 비슷한 생각입니다."

'안흥찐빵축제' 현수막

기껏 6개월 남짓 이 마을에서 생활해 온 나로선 시골생활이 뭐라고 속단키는 아직 이르다. 애초부터 사람에 따라서는 도시가 좋다는 사람도, 시골 아니면 못 살겠다는 이도 있다. 이따금 시골 할머니 가운데 할아버지가 돌아가신 뒤

안흥면사무소 앞에 선 '안흥성도' 표지석

자식이 사는 서울에 가서 살다가, 도시 생활에 염증을 느낀 나머지 아파트에서 뛰어내렸다는 기사도 볼 수 있었다.

그와는 달리 도시생활을 마무리하고 꿈에도 그리던 시골로 갔으나 몇 달 살지 못하고, 다시 도시로 돌아온 이도 적지 않았다. 아무튼 사람에 따라 그가 처한 형편에 따라서 다르니까 도시가 좋다, 시골이 좋다고 한마디로 딱 잘라 말할 수는 없는 일이다.

내 생각에는 이 세상에 '무릉도원'이나 '유토피아'는 따로 없고 '어디나 정들면 고향'이라는 말처럼, 자기가 사는 고장과 정붙이기에 따라 자기에게 맞는 곳이 있다고 본다.

내가 강원도 횡성 안흥 산골마을로 내려와서 살아보니까 우선 조용하고 공기가 맑아서 좋았다. 이곳은 사방이 아름다운 산으로 둘러싸여 있고, 물이 맑은 산자수명(山紫水明)한 곳으로, 개 짖는 소리조차 들리지 않고 하루 종일 태고의 정적이 감돌고 있다. 그야말로 이상의 〈권태〉에서 나오는 마을처럼 '도둑이 도심(盜心)을 잃을 마을'이다.

하지만 이 마을은 내 지난 삶과는 아무런 연고가 없는 고장

안흥 들머리에서 있는 입간판

이다 보니 낯익은 이는 한 사람도 없다. 도시에서는 '군중 속의 고독'을 느낀다면 여기서는 '적막 속에 고독'을 느낀다.

애초에 서울을 떠나 이 마을로 오면서 염려했던 비문명적인 요소는 생각보다 없었다. 요즘 시골에는 옛날과 달리 도시에 있는 것은 거의 다 있다. 은행(농협)도, 슈퍼도, 우체국도, 병원도, 세탁소도, 찻집도, 미장원, 이발소도 다 있다. 목욕탕은 있으나 닷새에 한 번 장날에만 문을 열고, 신문은 조간을 석간에 보는 느낌이 있을 뿐이다.

그러나 전기가 산골마다 다 들어오고, 인터넷과 위성방송망과 케이블TV망이 다 깔려 있기에 방송 수신이나 외부와의 통신에는 도시와 조금도 다를 게 없다. 또 우편과 택배의 발달로 얼마든지 홈쇼핑도 할 수 있고, 이곳 산물을 어디든다 보낼 수도 있다.

승용차가 없는 경우, 교통이 좀 불편하다. 하루에 다섯 차례 우체국 앞에서 서울행 직행버스를 타면 두 시간이면 동서울터미널에 닿고, 시내버스를 타고 원주로 가면 전국 어느 곳과도 거미줄처럼 연결된다.

안흥 장터 마을. 온통 '안흥찐빵 축제' 손님맞이 준비로 한창이다

지금 내가 살고 있는 안흥마을은 사람보다 찐빵으로 더 유명하다. 상품을 산더미처럼 쌓아 두고도 손님이 없어서 못 파는 이 불황에도 주말이나 피서 철에는 몇 시간씩 기다려서 맞돈을 주고 사야 하는 안흥찐빵이다.

안흥찐빵은 국민의 찐빵

안흥 마을 들머리에는 "안흥찐빵 마을에 오심을 환영합니다"는 팻말이, 면사무소 앞에는 "안흥찐빵은 국민의 찐빵"이라는 플래카드가 붙어 있다.

안흥면사무소 벽에 걸린 '안흥 찐빵은 국민의 찐빵' 이란 현수막

면사무소가 있는 장터(관말) 마을에는 "옛날", "본가", "토속", "솔잎", "시골", "전통", "유명한", "예전", "원조", "시조" 등 20여 곳의 찐빵가게가 들어서 있다. 안흥면사무소를 찾아서 이창진(52) 안흥 면장에게 고장의 소개와 자랑을 부탁 드렸다.

"안흥은 한 마디로 '아름답고 살기 좋은 고장'이지요. 울창한 원시림 속에 마음씨 고운 사람들이 모여 사는 안흥면은 사람이 살기에 가장 알맞다는 해발 500여 미터의 고지에 자리하고 있으며, 안흥찐빵을 비롯한 더덕, 한우 등 다양한 먹을거리가 매우 풍성하고 예로부터 인심 좋은 고장입니다. 멧돼지와 고라니, 금강초롱꽃 등 천연동식물의 보고인 우리 면은 크지는 않지만 머물러 살기에 부족함이 없습니다. 백두대간의 줄기인 매화산, 백덕산, 푯대봉 등 명산 기봉이 줄지어 있고, 주천강 상안천이 흐르고 있는 천혜의 자연경관이 아직은 원형 그대로 보존되고 있습니다. 제가 처음 면서기로 시작할 1970년 초에는 안흥면 인구가 일만 안팎이었다가 그동안 심각한 이농현상으로 2천9백54명까지 줄었다가 올해 9명이 늘어나서 현재 2천9백63명에 이르고 있습니다. 이제는 삶의 질이 주변 환경에 좌우하는 웰빙(참살이)시대로 접어들었기에, 우리 면도 앞으로는 주민이 차츰 늘어나리라고 보고 있습니다. 뒤늦게나마 선생님이 우리 고장에 오신 걸 진심으로 환영합니다."

마침 면장실에 자리를 함께 한, '안흥찐빵 한마당 큰잔치' 추진위원장을 맡고 있는 함종국(48) 횡성군의원에게 찐빵축제 의의를 부탁드렸다.

"올해가 제3회로, 그동안 안흥찐빵을 사랑해 주신 전 국민들에게 감사한 마음을 전함과 아울러 앞으로도 더욱 사랑해 달라는 뜻으로 가지는 일종의 '감사 축제'입니다. 이제 우리 안흥찐빵은 전국 어느 지역에서나 판매되고, 미국과 캐나다에까지 수출되는, 안흥 지역민들의 자랑스러운 상품입니다. …… 지난날 안흥은 영동고속도로가 개통되기 전만 하더라도 서울 강릉 사이 중간지점으로 유동인구가 많았던 교통의 요충지였습니다. 그런데 고속도로가 개통된 뒤 쓰러져간 이곳 경제를 이제는 안흥찐빵이 살려주고 있습니다. 안흥찐빵은 정성어린 어머니의 손맛 그대로, 담박하고 쫄깃쫄깃한 특유의 맛이 있습니다. 안흥찐빵은 모두 손으로 만듭니다. 안흥찐빵에 들어가는 팥소는 모두 이 지방에서 생산된 것으로 다섯 시간 이상 푹 삶아서 만듭니다."

함종국 '안흥찐빵 축제' 추진위원장

함 위원장의 찐빵 자랑은 끝이 없었다. 나는 그동안 어렵게 이룬 안흥찐빵 명성에 손상이 가지 않도록 안흥찐빵마을협의회 회원들이 그 품질과 신용 유지에 최선을 다하기를 신출내기 면민의 한 사람으로 당부하고는 장터 마을을 떠났다.

안흥뿐 아니라, 우리나라 각 지역에서도 그 고장에 알맞은 특성화 사업을 개발하여, 하루 빨리 도시보다 시골이 더 잘 사는 나라로 발전하기를 기대해 본다.

안흥찐빵은 손맛에서 나온다

솥에다가 찌기 전에 약 1시간 숙성시켜야 맛에 깊이가 있다

귀한 손님을 맞이하려고 준비한 섶다리와 징검돌다리

(2004/10/6)

광화문에서 만난 한 젊은 구두 수선공

구두 밑창이 벌어지다

작가회의에서 메일로, 손전화 문자메시지로 토요일 세종문화회관 앞에서 있을 국가보안법 철폐 모임에 꼭 참석해 달라는 연락이 왔다. 텃밭에는 아직 가을걷이를 하지 않은 농작물이 있어서 가느냐 마느냐 며칠을 고심하던 터에 아내도 마침 서울에 볼일이 있다고 해서, 그렇다면 내가 짐꾼 노릇도 할 테니 같이 서울로 가자고 했다. 서울 가고 오는 시간은 겨우 여섯 시간 정도지만 한번 다녀오면 생활이 리듬이 끊어져 버린다.

도를 닦는 사람들이 출가하는 까닭을 알 만하다. 그렇다고 내가 도를 닦는 대단한 일을 하는 건 아니지만 들락날락 나들이를 하다보면 아무 일도 하지 못한다. 그동안 작가회의 모임에 여러 차례 빠져서 미안하기도 하고 갑자기 아이들도 보고 싶었다.

며칠 전에 딸아이 생일이었다. 그날을 깜빡 잊고 지내다가 그날 오후에야 알고서 온라인으로 생일 축하금을 몇 푼 보냈다. 하지만 어쩐지 아비 노릇을 다하지 못한 것 같아서, 이번 서울 나들이 나흘 가운데 하루 저녁은 꼭 시간을 내서 네 식구가 밥이라도 한 끼 먹기로 했다.

도착 다음날인 10월 7일 금요일, 세 건의 약속을 한 뒤 집을 나섰다. 신발을 신고 구두에 솔질을 하다가 보니까 신발 밑창이 벌어져 있었다. 손으로 밑창을 벌리자 마치 악어 입처럼 밑창과 구두 코 부분이 짝 벌어졌다.

신발장을 뒤져 다른 신발이라도 있는지 살폈으나, 신발만은 일찌감치 모두 안흥에 옮겼나 보다. 다른 한 쪽도 밑창을 살피니 마찬가지로 벌어져 있었다. 헤어보니 한 4년 신은 듯했다. 이 참에 새로 한 켤레 사 신어야겠다고 마음먹고는 마무리 구두 솔질을 하는데 거기말고는 아직 말짱했다. 그래서 오랜 단골인 적선동 버스정류장 옆 수선가게에 들러 잠깐 고쳐 신고 가야겠다고 생각하면서 집을 나섰다.

버스가 효자동에 이르자 차가 움직이지 않았다. 정부중앙청사 부근에 무슨 시위가 있는 모양이었다. 미적미적하던 차가 적선동에 이르자 여느 때보다 20여 분은 더 늦어졌다.

그래도 신발이 불안하여 구두 수선소를 찾았더니 단골 주인이 점심 식사 중인지 자리를 비웠다. 나도 점심 약속을 한지라 이따가 다른 가게에서 고칠 생각을 하고 경복궁 역에서 강남 행 지하철을 탔다.

광화문 거리의 구두 수선공

전 후배동료 교사와 점심을 나누고, 곧장 전 선배동료 교사를 만나 그동안의 회포를 풀었다. 다음 약속은 저녁 가족모임이다. 아들이 직장에서 늦게 끝나기에 저녁 7시 30분에 광화문에 있는 한 양식집에서 만나기로 했다.

약속 시간이 한 시간 남짓 남았다. 교보문고에 들러 책 구경을 하다가 조금 일찍 약속 장소로 천천히 가는데 거리는 벌써 해거름이었다. 그런데 그때까지 광화문 전 교총 건물 옆 광명약국 앞 구두 수선가게(112호)가 열려 있었고 수선공이 구두를 열심히 닦고 있었다.

그제야 내 구두가 생각나서 고칠 수 있느냐고 물었더니 고개를 끄덕이며 좋다고 손짓했다. 그는 언어장애인이었다. 그는 구두도 닦겠느냐고 손짓으로 물었다. 나는 밑창만 붙여 달라고 손짓으로 답했다. 그는 알았다고 고개로 답했다.

나는 그의 구두 수선 가게로 들어가 신발을 벗어주고는 곧 수선이 끝나기를 기다렸다. 그는 닦던 구두를 내려 놓고 내 구두를 든 뒤 밑창 벌어진 양면을 페이퍼로 손질하고는 칫솔에 본드를 적셔 두 짝 모두 아래 위 부분에 정성껏 발랐다. 그런 다음 가게 바깥에 세워두고는 다시 조금 전에 닦던 구두를 무릎에 올려놓고 광을 내기 시작했다.

나는 그의 가게에 쭈그리고 앉아서 구두 닦는 솜씨를 즐겼다. 그는 구두에다 먼저 구두약을 듬뿍 묻힌 솔로 골고루 닦은 다음, 라이터용 기름을 천에 촉촉이 적시고서는 구두 표면을 손이 보이지 않을 정도로 빠르게 문질렀다. 그러자 금세 빤짝빤짝 윤이 났다. 좀더 낡은 구두는 다시 부탄가스 불에다가 훈제하듯 불을 쬔 다음 문지르자, 새 구두처럼 빤짝빤짝 윤이 났다.

나는 빨리 구두 가게를 벗어나려고 그에게 구두를 빨리 고쳐 달라고 손짓했더니 그는 벌컥 화를 냈다. 그의 손짓과 입 모양을 미루어 짐작하기론 '아직 당신 구두에 바른 본드가 굳지 않았다. 이 일은 내가 전문가이니 나에게 맡기고 좀더 느긋하게 기다려라'는 말 같았다. 그러면서 자기 가슴을 두드렸다. 나는 고개를 끄덕여 사죄하면서 잘 몰라서 그랬다고 본드가 다 굳을 때까지 진득하게 기다리겠다고 했다.

그는 두 켤레 구두를 다 닦아서 손님에게 주고 돈을 받고는(한 켤레에 2천 원씩) 그제야 내 구두를 집어 들더니 신 모양의 쇠붙이에 넣은 뒤 밑바닥을 망치로 여러 번 두드린 뒤 다시 손으로 누르면서 몇 번이나 접착 상태를 확인했다.

나는 그 광경을 쭉 지켜보면서 세상에 쉬운 일은 없다고 생각하면서 이 친구가 시간을 끄는 걸 봐서 꽤 여러 푼을 요구할지 모른다는 생각에, 미리 값을 흥정해 놓지 않은 게 약간 후회되었다. 그러면서 2, 3천원은 줄 각오를 했다.

마침내 그가 구두 두 짝을 내 발 앞에 놓았다. 나는 주머니에서 천 원짜리 지폐 석 장을 꺼내 그에게 내밀었다. 그는 한 장만 집더니 다시 동전 통에서 500원짜리 동전을 찾아서 내게 거스름돈으로 내주는 게 아닌가.

나는 그에게 수선료가 5백 원이냐고 하자 그렇다는 것이다. 내가 생각하기에는 구두 한 켤레 닦는 이상으로 수고했는데 5백 원만 받다니……. 요즘 5백 원이 돈인가? 얼마 전에는 끊어진 가방 끈을 깁고도 5천 원씩이나 주지 않았던가. 나는 거스름돈을 받지 않겠다고 하였으나 그는 한사코 마다했다.

시계를 보니 아직 20분 남짓 여유가 있었다. 그래서 구두를 닦아달라면서 2천 원을 더 주자 그는 1000원만 더 받겠다고 했다. 나는 계산은 계산이라고 했더니 그는 그제야 2천 원을 받고는 다시 500원 동전을 줘서 받아 넣었다.

사실 나는 구두 닦는 값이 얼마인지도 모를 만큼, 내 구두는 손수 닦아 신었다. 언젠가 《링컨의 전기》를 읽었는데, 링컨은 대통령 재임 때에도 당신 구두는 스스로 닦아 신었다는 대목을 읽고 그때부터 내 구두는 손수 해결했다.

지금은 군대 내무생활이 많이 개선되었을 테지만, 내가 군 복무 하던 1960년만 해도 전방 소대장은 무척 대접을 받았다. 아무리 추운 겨울이라도 따끈한 세숫물은 물론이고 칫솔에는 치약이 묻힌 채 물 컵 위에 놓여 있었다. 소대장들은 전령들의 철모 위에 군화를 올려놓으면 그들이 손이 보이지 않게 빛이 뻔쩍 나도록 닦아주었다.

내 밑에 여러 전령이 거쳐 갔지만 그 일만은 시키지 않았다. 되도록 내가 닦겠지만 전령이 꼭 닦아주겠다면 신발을 벗어놓을 때만 닦아두라고 했다.

제대한 뒤 곧장 교직에 몸담고는 내 책상 서랍 맨 아래 칸은 구두약과 솔, 장갑, 헝겊을 넣어두고 수시로 닦아 신었다. 동료 선생님들이 내 자리로 와서 가끔 이용하기도 했다. 그 버릇은 지금도 계속되어 내 집 신발장에는 구두 닦는 도구가 늘 갖춰져 있다.

1960, 70년대에는 서울 장안에 구두닦이 소년들이 아주 많았다. "신발 닦~ 어세요" 하는 그들의 외침이 여태 내 귀에 쟁쟁하다. 명동에 자리잡은 전 국립극장 앞 길가에는 수십 명이 의자를 늘어놓고 손님을 맞았다.

서울역에서는 시골에서 갓 올라온 촌사람들이 구두 한 번 닦고 흠뻑 바가지를 쓰곤 했는데, "서울은 눈 감으면 코 베어 간다"는 우스갯소리를 할 만큼 구두닦이들의 횡포가 심했다.

그 시절 가난한 청소년들이 가장 쉽게 얻을 수 있는 밥벌이 수단으로 신문팔이와 구두닦이를 들 수 있다. 그렇다고 이런 일을 아무 데서나 할 수 있는 건 아니었다. 자릿세나 권리금을 줘야 번화가에서 영업할 수 있었다.

그가 내 구두를 닦는 동안 이런저런 추억을 되새기며 오랜

옛 친구 구두닦이 왕눈이도 잠시 떠올려 보았다. 찐빵을 한꺼번에 열 개 이상 먹었던, 무섭지만 인정이 많았던 친구였다.

내 인생에 기쁜 날은 며칠 되지 않았다

참 오랜만에 광이 뻔쩍 나는 신발을 신고 기분 좋게 약속장소로 가다가 다시 그의 가게로 가서 이름과 나이를 물었다. 그는 메모지에 "김수철 35"라고 적어 주었다.

약속 장소로 가자 그때까지 아무도 오지 않았다. 그제야 예약을 하려는데 안내데스크의 아가씨가 내 이름이 멋있다며 예명이냐고 물어왔다. 본명이라고 대답하면서 이름만 멋있느냐고 하자, 사람도 멋있다고 깔깔 웃으면서 좋은 자리로 안내했다.

곧 남은 식구들이 다 왔다. 네 식구가 아주 즐겁게 저녁을 먹었다. 내가 오늘 구두를 닦았다고 했더니 딸과 아들이 웬 영문이냐고 물었다. 조금 전 일을 다 들려줬더니, 그 장애인 구두 수선공이 '방망이를 깎는 노인' 같다면서 마치 내 마음을 훤히 꿰뚫 듯이 새 글감이 생겼다고 좋아했다.

참 즐거운 식사 시간이었고 맛있는 음식이었다. 앞으로 내 인생에 이런 즐거운 날은 며칠이나 될는지? 내가 살아본 인생을 돌이켜보면 기쁜 날은 며칠 되지 않고 나머지 날은 그 기쁜 날을 위해서 사는 것 같다.

내 딸이 건강하고 행복하기를…….

(2004/10/9)

가을에는 부지깽이도 덤벙인다

"가을 하늘 공활한데……"

사흘 동안 서울에서 머문 뒤 어제(10일) 다시 안흥으로 내려왔다. "가을 하늘 공활한데 높고 구름 없이……." 애국가의 가사처럼 정말 가을 하늘이 쪽빛처럼 파랗고, 구름 한 점 없이 높으며, 볕이 좋은 날씨였다.

서울에서 멀어질수록 공기도 맑아지고 들판의 벼가 황금빛으로 무르익어 고개를 숙인 논들이 더 많이 펼쳐졌다. 아내나 나나 혼자 다닐 때는 시외버스를 타고 다니지만 둘이 함께 다니거나 짐이 있을 때는 승용차로 오간다.

아내는 고속도로 통행료라도 아낄 양인지 서울 나들이에는 거의 대부분 국도나 지방도를 이용했다. 고속도로와 달리

황금빛 들판의 벼 지킴이들

이 길을 달리면 여유가 있어서 좋다. 날씨 좋은 날이면 차창을 열어놓고 시원한 공기를 쐬기도 하고, 앞과 좌우를 두리번거리며 차창으로 지나치는 풍경을 즐길 수 있어 좋다.

나는 나이에 맞지 않게 여태 말을 배우는 아이처럼 아직도 호기심이 많고 감탄하는 일도 많다. 내가 차를 타고 가다가 언저리 경치에 감탄하면, 아내는 눈치를 채고 주차하기 좋은 곳에다 차를 세운다. 나는 카메라를 들고 나가서 그 경치를 찍거나, 농사꾼이나 마을사람들에게 이것저것 묻기를 즐겨 한다.

6번 국도를 타고 경기도 양평군 청운면 갈운리를 지나는데 벼가 무르익은 논에 허수아비 30~40개 정도가 서 있었다. 벼논 서너 자락에 이렇게나 많은 허수아비는 처음 보아서 차를 세우고 가까이 가 살펴보니 적당히 만든 게 아니라 하나하나가 모두 작품이었다. 참새들이 눈이 부셔서 도저히 이 부근에는 얼씬도 못할 것 같았다.

농가로서는 지금이 벼 거두기에 가장 알맞은 때다. "가을에는 부지깽이도 덤벙인다"는 속담처럼 이즈음 농촌에서는 가장 수선스럽고 바쁜 때이기도 하다. 하지만 차를 타고 달려

이제 거두어 달라고 고개 숙인 벼들

농촌 어린이가 줄어든 탓으로 자연학교가 된 유현초등학교 금대분교

도 들판에 사람이 별로 보이지 않는다. 다만 콤바인이 드문드문 벼논을 누비면서 익은 벼들을 거둬들이고 있다.

지난날 농가에서는 추수하는 날이 곧 잔칫날이었다. 이날을 위해 여느 때는 잘 먹지 않던 비싼 고기반찬도 미리 마련해 둔다. 며칠 전부터 하늘을 봐 가면서 타작 날을 미리 정해두고 삯꾼을 구한다.

벼 베는 날, 남정네가 새벽같이 들로 나가면 집에 있는 아낙네들은 아침 새참, 점심 준비로 눈코 뜰 새 없다. 참이나 점심이 준비되면 그것을 밥고리에 담아 머리에 이고 가서 논두렁에다 펴놓고 일꾼들을 대접한다.

내가 차창을 바라보면서 "논두렁 밥맛은 꿀맛으로, 그때 먹었던 특히 갈치조림 맛이 아직도 혀끝에서 맴돈다"고 했다. 그러자 아내는 그렇지 않아도 오늘이 전 횡성농민회 회장댁의 벼 베는 날이라 가 보기로 했다면서, 당신 소원 풀자고 곧 금대리 마을 쪽으로 차머리를 돌렸다.

'여민동락(與民同樂)' 하는 지도자가 보고 싶다

국도에서 5분 남짓 달리자 '금대자연학교'가 나왔다. 이곳은 전 유현초등학교 금대분교였다. 농촌학교 학생수가 줄어든 탓에 지난해 폐교되자, 성당에서 이곳을 빌려서 농민교육장으로 쓰고 있다고 했다.

그곳에서는 횡성여성농민회 회원들이 오늘 불교귀농학교 현장학습에 참가한 서른 남짓한 사람들의 점심을 준비하고 있었다. 아내는 거기서 점심 준비를 하고, 나는 다른 회원의 차를 타고 벼 베는 현장으로 갔다.

막 추수하는 곳에 도착하자 참으로 오랜만에 지난날 낫으로 벼를 베는 장면을 볼 수 있었다. 서른 남짓한 남녀 실습회원들이 낫을 들고 일일이 벼 포기를 잡고 베었다. 대부분 낫질이 서툴렀지만 땀을 흘리는 모습이 보기에 참 좋았다.

벼 베는 일이 끝나자 일꾼들은 점심밥을 먹기 위해 농민회장 농막으로 갔다. 곧 승합차로 배달된 점심을 저마다 취향대로 양대로 떠다가 먹었는데(뷔페식), 한 회원이 큰 양푼에다

귀농학교 실습생들의 현장학습(왼쪽), 지금 논에는 온통 콤바인이 추수하고 있다

농막에서 점심을 드는 실습생 가족들

밤나무 밑에서 알밤 줍는 모녀

시내에서 천렵하는 이들

도리깨질로 들깨를 추수하는 농사꾼

가 밥을 비비기에 매우 먹음직해 보여서 나는 거기에 끼어 들었다.

식사가 끝나자 도토리 그늘에서 낮잠을 청하는 사람, 밤나무 밑에서 알밤 줍는 모녀, 한편에서는 족대를 들고서 시냇가에서 고기를 잡는 이도 있었다.

요즘 단풍도 한창 제철인 행락의 계절인데도 굳이 가족과 함께 농촌을 찾아 땀을 흘리는 그들이 보기에 좋았다. 돌아오는 길에 들깨를 도리깨질로 타작하는 광경에 차를 세웠다. 생들깨 냄새가 코끝에 감도는 게 참 좋았다.

그곳에서 우·천면을 거쳐 안흥 집으로 돌아오는데 "골프장

건설 결사반대", "쌀 개방 결사반대"라는 플래카드가 텅 빈 산길, 들길에 저 혼자 펄럭거렸다. 여가 생활을 즐기는 것은 자유지만 좁은 국토에 백두대간조차 마구잡이로 파헤치면서까지 꼭 골프장을 만들어야 하는지는 깊이 생각해 볼 문제다.

이런 농번기에는 농촌에 와서 함께 추수하고 막걸리 잔을 나누며 쇼가 아닌 진짜 '여민동락(與民同樂)'하는 그런 사람을 우리의 지도자로 모실 수는 없을까? 지난날 "나는 골프를 치면 공조차 오른쪽으로만 날아간다"는 골프광이 국정의 중요한 책임자가 되었으니, 그 사람 접대에 눈도장 찍으려고 너도나도 골프채를 휘둘렀고, 좁은 국토는 회복키 어렵게 파헤쳐졌다. "그 나라 지도자는 그 나라 백성들의 의식수준을 벗어날 수 없다"고 한다. 우리 모두 곰곰이 곱씹을 말이 아닐까.

안흥에 이르자 '안흥찐빵 한마당 큰잔치'가 거의 끝날 무렵이었다. 조그마한 장터마을이 사람들로, 차들로 온통 뒤덮였다. 이 행사를 주관한 마을협의회 관계자들이 예년보다 더 성황이었다고 내게 악수를 청했다.

'안흥찐빵 한마당 큰잔치' 한 장면

면사무소 앞 무료 시식대에서 찐빵과 국을 맛본 뒤 향토 장터로 가서 메밀부침과 메밀로 만든 촌떡을 사서 아내와 같이 나눠 먹었다. 행사장을 한바퀴 돌다가 노씨 내외와 상안리 박씨부인을 만나 저녁으로 국밥을 함께 먹은 뒤 돌아왔다.

참 가을볕 좋은 하루였다.

(2004/10/11)

대학은 '고고등급제' 즉각 백지화하라

"작가가 양심을 말하지 않으면 누가 하는가?"

한 문화재전문가는 "아는 만큼 본다"고 했는데, 이 말은 아주 명언으로 작가는 "아는 만큼 쓴다"고 말할 수 있다.

나는 2002년 7월 8일 《오마이뉴스》에 첫 기사를 올린 뒤 지금까지 4백30건의 기사를 올렸다. 내가 가장 자신 있고 사실감 나게 잘 쓸 수 있는 분야는 '교육'이다. 하지만 굳이 이 분야의 글은 쓰고 싶지 않았다. 학교에서 배우기를 17년, 학생들을 가르치면서 33년을 보낸 사람으로서 '교육' 문제에 관한 한 나 자신도 자유로울 수 없기 때문이다.

그런데 지난 10월 9일 토요일 밤, 작가회의 주최 '국가보안법 철폐 모임'에서 만난 남정현 선생이 "작가가 양심을 말하지 않으면 누가 하는가?"라고 하신 말씀에 많은 용기를 얻어서 누가 뭐라든지 그때그때 내가 보고 느껴온 지난 삶의 이야기를 하찮더라도 남겨야겠다고 생각했다.

인터넷에 글을 올릴 때 가장 큰 매력이자 고역인 건, 독자들의 반응이 즉각적으로 나타난다는 점이다. 독자의 댓글은 필자의 잘못을 지적하거나 경박함을 나무라거나 무식을 폭로하기도 한다. 그럴 때는 한 수 배우는 좋은 점도 있다. 하지만 악의에 찬 '독자의견'을 볼 때는 괜한 글을 올렸다고 후회하다가 그것도 나의 부덕함 때문이 아니겠냐며 감수하기도 한다.

또 내 글을 좋아하는 독자의 격려에는 애써 자판을 두드린 피로가 한꺼번에 사라지곤 한다. 한번은 익명독자의견란에서 나의 출신 고교를 매우 혹평한 것을 본 적이 있다. '3류 학교', '똥통학교'라는 표현이었다. '그런 학교를 나온 머리 나쁜 사람이 무슨 글을 쓰느냐'는 조롱 같았다. 그동안 나는 내 출신고교나 대학 이름을 일부러 밝힌 적도 없고, 의도적으로 자랑하거나 그와 반대로 비난한 적도 없었다.

그것은 앞으로의 사회는 지역이나 학벌, 문벌이 큰 행세해서는 안 된다는 내 바탕생각 때문이다. 그때 그 독자에게 항의의 답 글을 쓰려다가 오죽 내게 비난할 것이 없으면 '출신 학교를 들먹였을까' 하는 생각에 그냥 못 본 척 넘어가고 말았다.

사실 나는 그 독자의 지적대로 이름 있는 고교 출신이 아니다. 내 모교는 운동장도 테니스 코트만하게 좁은 데다가, 주간과 야간이 한 교실을 썼던, 화장실 냄새가 고약했던, 시설이 아주 열악한 학교였다. 그래도 나는 그제나 이제나 내 모교를 가난한 촌놈도 흔쾌히 받아준 고마운 학교로 여기고 한편으로 늘 고마워하고 있다.

지난날 어처구니 없는 제도적 입시 불공정

1961년 3월 고향에서 중학교를 졸업하고 서울에서 아버지가 사서 보낸 고교 원서 네 장(교통상 전기 두 장, 후기 두 장)을 써 가지고 서울로 왔다. 당시만 해도 서울 유학은 요즘 미국 유학보다 더 어려웠던 시절이다.

전기 고교로 응시한 곳은 5대 공립고교 가운데 하나였다. 원서 접수 뒤 신문을 보니 경쟁률이 4:1 정도였다. 시험 결과는 낙방이었다. 내 실력이 부족한 탓이었다. 다시 후기인 중동고교에 응시했는데 학생들이 몰린 탓인지 경쟁률이 무척 높았다. 다행히 합격은 했으나 등록마감일까지 입학금을 내지 못해 입학이 취소되었다. 입학식이 지난 지 일주일 뒤에 찾아가 사정해서 겨우 학교를 다닐 수 있게 되었다.

한 달 뒤쯤 내가 시험을 치른 전기 아무개 고교의 2, 3학년 학생들이 입학시험이 불공정했다는 이유로 데모를 했다는 신문 보도를 봤다. 내용인즉, 당시 서울 시내 이른바 대부분의 명문 고교 입학 경쟁률은 신문에 보도된 대로이지만, 사실상 '동계 중학교 출신' 학생들에게는 특혜(가령, 경기중학교 출신이 경기고등학교에 진학하는 식의 특혜)를 주어 낙제할 정도가 아니면 다 동계 고교에 진학시켰다는 것이다. 그리고는 타교생들은 한두 반밖에 뽑지 않아 사실상 타교생이 합격하기란 대단히 어려운, 타 학교 학생들에게는 경쟁률이 몇 십 대 일 정도가 되는 매우 불공정한 입시였다.

후기에 합격한 중동고교도 동계 진학 우선권을 줘서 중동중학교 출신 1백10명이 미리 합격해 사실상 경쟁률이 신문 보도보다 훨씬 높았다. 지금 생각해 봐도 그때의 고교 입시는 말도 안 되는 불공정의 극치였다.

게다가 뒤늦게 중동고교에 입학 수속을 마치고 교실에 가 보니, 학급당 60명 정원인데 80명이 공부하고 있었다. 그 영문도 나중에서야 알았는데 각 반마다 20명씩 찬조금을 받고 입학시킨 보결생들이 우리 학년에만 1백20명이나 되었던 것이다. 내가 다닌 학교만 그런 보결생이 있었던 것은 아니었다. 그 시절에는 학교 이름에 따라 뒷문 입학금이 정해지고 그 돈을 교사들에게 별도로 지급하여 그 액수가 많을수록 이른바 '명문학교'였다.

그 무렵 대학의 입시 부정은 이루 말할 수조차 없었다. 정원보다 부정 입학생이 더 많은 대학도 있었다. 당시 문교부에서 감사가 나오면 임시 휴강하는 일도 있었다(불시의 감사라지만 그 사실도 미리 귀띔을 받아 감사반이 허탕 치기 일쑤였다).

그해 5·16 쿠데타가 있은 뒤 그 이듬해부터 '연합고사'라 하여 고교 입시 출제 및 선발권이 시교위로 넘어갔다. 대학도 별별 입시 부정을 다 지르는 마당이다. 더 이상 그냥 둘 수 없었다. 대학 입시 부정을 원천적으로 막기 위해 대입 예비고사를 치르게 했다. 대학 졸업조차 믿지 못해 국가에서 '학사고사'까지 치르게 하여 그 합격자에게만 '학사증'을 수여했던, 지금 생각하면 믿거나 말거나 한 일들도 있었다.

변별력을 잃은 고교 내신

고교등급제가 지금 '뜨거운 감자'로 여론의 관심을 모으고 있다. 특히 고교등급제를 옹호하는 주장들의 결론부터 말하자면, 대학의 학생 선발에 대하여 그 나름대로 공정성만 인정된다면 제삼자가 뭐라고 말할 수 없다. 그야말로 대학의 자율권 침해요, 대학 권위에 대한 도전이라는 것이다.

하지만 아직도 대학은 일반 백성들로부터 신뢰를 얻지 못하고 있다. 그동안 수없이 대학의 부정 입시와 입학 등을 규제해 왔으나 감시만 조금 소홀해지면, 아니 감시가 삼엄한 데도 부정은 비일비재였다.

내가 현직에 있을 때 도저히 그 대학에 입학할 수 없는데도 당당히 합격한 학생의 면면을 따져 보면 권력자들의 자녀들이거나 교직원 자녀들이었다. 더 분통을 터트렸던 것은 그 권력자들 가운데 여당의원만이 아니라 야당의원도 있었다는 것이다. 그러고는 국정감사장에서는 대학의 부정을 지적하는 쇼를 하곤 했다. 그래서 생겨난 속어가 '낮에는 야당, 밤에는 여당'이라는 '사꾸라'라는 말이 유행했다.

지금 여론의 화살이 대학으로만 쏠리고 있는데 대학 쪽에서는 대단히 억울할 것이다. 우리 학생 우리가 알아서 뽑는데 웬 말이 많냐고, 고교에서 내신 성적표를 받아보니 맨 '수', '우'뿐이라 성적의 변별력 없어서 그동안 축적해 온 우리 나름의 고교 내신 자료를 뽑아서 적용시키는데 무슨 문제냐고 항변하고 싶을 게다.

맞는 말이다. 교육부에서는 고교 교육정상화를 위해 대학에서 고교 내신을 입시에 적용케 하는 큰 보도(寶刀)를 고교에 넘겼다. 고등학교가 이 보배로운 칼을 잘 썼다면 이런 고교 등급제 같은 문제가 생기지도 않았을 테다.

그런데 학교마다 내 학교 학생을 하나라도 더 대학에 진학시키겠다는 짧은 생각으로 점수를 잔뜩 뻥튀기한 성적을 대학에 보냈다. 대학에서 그 성적을 받고 보니 고교에서 보낸 자료로는 학생의 능력을 측정할 수 없었을 게다.

이번 고교 등급제 논란은 우선 대학에 잘못이 있다. 왜냐하면 고교 등급제를 시행한다면 최소한 1년 전에는 그 사실을 공표했어야 했고, 백 번 양보해서 시행 전 공표 없이 고교 등급제를 시행할 수밖에 없었다면 뒤에라도 그 잣대를 공개하여 공정성을 검증받아야 한다.

솔직히 말해 국민들은 대학을 믿지 않고 있다. 지금도 틈만 보이면 기여 입학제나 교직원 특혜 입학 등 온갖 편법을 다 동원하여, 입시제도를 기득권층 자녀에게만 유리하게 적용할 거라는 의혹의 눈초리를 지울 수 없는 게 엄연한 현실이다.

우리 사회에 크게 손 볼 곳은 교육계

어제 산골에서 만난 시골사람도 우리 사회에 크게 손 볼 곳은 첫째로 교육계라고 말하였던바, 나는 그 얘기에 아무런 대답도 하지 못했다. 나 자신이 수십 년 동안 몸담아왔던 곳이기 때문이다. 대학의 입시 공정성은 지금 우리 교육계의 가장 큰 문제다. 이 하나에 우리나라 교육이 좌지우지된다.

일부 대학은 지금까지 고교 등급제로 학생을 선발하면서 그 사실을 입시요강에 포함하지 않았다. 그러므로 이들 대학은 즉각 고교 등급제를 백지화해야 한다. 그리고 입시 요강에도 없는 고교 등급제를 적용해 합격자를 선발했으므로 그뒤 재사정하든지, 아니면 이 일로 억울하게 피해를 본 학생이 있다면 구제 방안을 마련해줘야 옳다고 본다.

대학은 현행 입시제도대로 시행해 보고 문제가 있으면 교육부와 고교 쪽과 머리를 맞대어 더 좋은 방안을 만들어내야지, 대학의 자율성과 권위만 내세워 일방으로 몰아가는 것은 또 다른 사회 문제만 빚을 뿐이다.

어른들은 고교 평준화 제도에서 출신학교조차 등급을 매김으로써 자라나는 아이들에게 상처를 줘서는 안 된다. 교육계에 몸담은 모든 분들이 '교육'이라는 이름으로 치부를 하려 하거나, 우리 학교 학생과 내 자식에게만 특혜를 주려는 생각을 버리고, 정말 나라의 장래를 위하여 일대 각성하고 혁

신하지 않는 한, 이 난국을 헤쳐 나가기 어렵다고 본다.

그럴 자신이 없는 사람은 스스로 교육계를 떠나는 게 나라와 겨레를 위해서 옳다. 왜냐하면 교육자가 흐린 물은 마치 상류에서 흐린 물과 같아서 그 피해가 하류에까지 미치고, 다시 그 시내를 깨끗이 하자면 숱한 세월이 걸리기 때문이다.

(2004/10/12)

모든 자식들은 부모의 희생을 먹고 자란다

된서리가 내린 날

모든 산업 가운데서 농사는 기후적인 요인에 가장 민감하므로 농사꾼들은 유독 날씨에 관심이 많다. 얼치기 농사꾼도 안흥 산골에 살면서 날씨에 더욱 관심이 많아졌다. 이곳 강원 산간지역은 겨울이 다른 곳보다 빠르며 길다고 한다. 10월 초순이면 서리가 내린다고 하여 얼치기 농사꾼도 일찌감치 텃밭의 남은 작물을 하나씩 거둬들였다.

옥수수는 이미 8월 하순에 모두 거둬들였고, 고구마도 추석 무렵에 다 캐서 갈무리하고 있다. 고춧대도 모두 다 뽑아서 붉은 고추, 푸른 고추, 고춧잎 등으로 나눠 이미 손질을 끝냈다. 그러나 팥과 콩이 다 여물지 않은 것 같아서 된서리가 내릴 때까지 며칠 더 두었다. 마침내 지난 13일, 된서리가 내렸다.

된서리 내린 날 거둔 일곱 덩이의 애호박

텃밭에 나가 보았더니 "된서리 맞다"는 속담처럼, 농작물들이 초록빛을 모두 잃고 시들어 버렸다. '몹시 심한 꼴을 당하거나 모진 타격을 받다'는 뜻의 '된서리 맞다'는 일년생 채소류나 곡식에게는 거의 사형선고나 다름없는 말이다.

일단 서리가 내리면 비닐하우스에서 기르는 인공적인 재배가 아닌 다음에야, 천연의 노지 작물 농사는 대부분 그걸로 끝이다. 추위에 강한 시금치나 배추 등 일부 예외 작물도 있긴 하다.

늦둥이 수세미는 나의 바람과는 달리 끝내 더 이상 자라지 못하고 시들어 버렸고, 호박들은 "서리 맞은 호박잎 같다"는 속담처럼 하룻밤 새 아주 처절하게 시들어 버렸다. 그래도 그 호박그루터기에서 일곱 덩이의 끝물 애호박을 땄다. 아내는 끝물 애호박은 유난히 더 맛이 있다며, 그 가운데 세 덩이는 썰어서 말리고 두 덩이는 서울 아이들 몫, 두 덩이는 우리 몫으로 나눠 갈무리했다.

끝내 시들어 버린 늦둥이 수세미

텃밭에 남은 가지 대도 뽑고 팥, 콩도 모두 뽑아 묶어서 양지쪽에 세워 두었다. 바짝 말린 다음 도리깨질로 타작해야 하는데 얼마 되지 않기에 작대기로 두들겨 추수할 예정이다. 이로써 사실상 얼치기 농사꾼의 일년 농사는 끝난 셈이다.

첫 농사였지만, 대체로 평년작 이상이었다. 하늘은 이 얼치기 농사꾼에게도 은혜를 베풀어 내가 노력한 이상으로 열매를 주셨다. 그리고 그 열매들은 내 땀이 들어간 탓인지 하나같이 맛이 있었다.

나의 여름짓기(농사)는 그야말로 무공해 유기농이요, 친환경 농사였다. 이런 얼치기 농사꾼에게도 귀한 열매를 주신 하늘에 감사하고 감사할 일이다.

모든 생명들의 자식 사랑은 같다

추수 이튿날 한 출판사에 일이 있어 이틀 동안 서울에 다녀왔다. 텃밭 옆에다가 차를 세우고 집으로 들어오는데 아내가 메말라 버린 호박잎을 보고는 매우 안타까워했다. 아내는 호박잎을 무척 좋아한다. 여름 내내 호박잎을 쪄서 그 찐 잎에다 밥을 싸서 된장으로 간을 해서 먹었다. 그러다가 얼마 전부터 장모에게 호박잎으로 국을 끓인 걸 배워온바, 그 호박잎국도 맛이 담박한 별미였다.

이미 메말라 버린 호박잎과 줄기지만 가까이 가서 혹시 아직 시들지 않은 게 있나 해서 이 구덩이 저 구덩이 살폈다. 하지만 잎과 줄기는 이미 모두 초록빛을 잃었다. 그런데 풀숲 사이로 언뜻 초록빛이 보여서 풀숲을 헤치자 주먹보다 조금 더 큰 끝물 애호박이 나왔다. 잎과 줄기가 모두 메말라 버린 호박에서 여태 초록의 애호박이 달려 있다는 것은 경이로운 일이었다.

풀숲에서 나온 끝물 애호박 세 덩이

나는 혹시나 하는 마음으로 나머지 아홉 호박 구덩이의 호박 줄기 모두를 뒤졌다. 주먹만 한 애호박 두 덩이를 풀숲에서 더 찾아내었다. 순간 나는 모든 생명의 자식 사랑은 다 같다는 것을 눈으로 확인했다. 호박은 줄기와 잎이 된서리를 맞아 메말라 죽을지언정 제 열매만은 하루라도 더 살려서 제 몫을 다하도록 풀숲에다 가려두고 주인을 기다리게 했다. 그것은 하늘의 뜻이요, 바로 어버이의 마음이다.

풀숲에서 찾아낸 끝물 애호박을 보자, 그 애호박이 마치 전영택의 〈화수분〉에서 갓난애 '옥분이' 같았다.

화수분은 양평서 오정이 거의 되어서 떠나서 해져갈 즈음에서 백리를 거의 와서 어떤 높은 고개에 올라섰다. 칼날 같은 바람이 뺨을 친다. 그는 고개를 숙여 앞을 내려다보다가 소나무 밑에 희끄무레한 사람의 모양을 보았다. 그곳에 곧 달려가 보았다. 가 본즉 그것은 옥분과 그의 어머니다. 나무 밑 눈 위에 나뭇가지를 깔고, 어린 것 업은 헌 누더기를 쓰고 한 끝으로 어린것을 꼭 안아 가지고 웅크리고 떨고 있다. 화수분은 와 달려들어 안았다. 어멈은 눈은 떴으나 말은 못한다. 화수분도 말을 못한다. 어린것을 가운데 두고 그냥 껴안고 밤을 지낸 모양이다.

이튿날 아침에 나무장사가 지나다가 그 고개에 젊은 남녀의 껴안은 시체와, 그 가운데 아직 막 자다 깬 어린애가 등에 따뜻한 햇볕을 받고 앉아서 시체를 툭툭 치고 있는 것을 발견하여 어린것만 소에 싣고 갔다.

- 전영택의 〈화수분〉 -

풀숲에 가려진 애호박, 사진을 찍기 위해 풀숲을 걷었다

이오덕 선생님이 돌아가시기 이태 전 여름, 무너미 마을로 찾아뵐 때였다. 마침 그날 선생님의 글방 창문에 오이덩굴이 뻗어 오르는 것을 보고 얘기를 하신 것을 들은바,《우리 말 우리 얼》제16호에 실린 글을 옮겨보면 다음과 같다.

창문 앞 오이덩굴이 자꾸 뻗어 올라가는데, 나중에는 창틀 아주 위쪽까지 올라갔고, 거기 오이가 달렸다. 너무 높아 따지 못하고 두었더니 오이는 자꾸 굵어졌다. 그래도 오이는 감 따는 장대로 어찌어찌 해서 겨우 오이를 땄는데, 크게

> 놀랐다. 무거운 그 오이를 받쳐준 것이 받침대 나무의 옹이였던 것이다. 그 옹이가 있는 곳까지 가서 오이를 받쳐 놓았으니, 오이덩굴은 눈도 귀도 코도 입도 손도 발도 다 있고, 마음도 다 있는 것이 틀림없다.

하늘의 마음, 하늘의 뜻

봄부터 이제껏 농사를 지으면서 살펴본바, 식물들도 눈 귀 입 손발이 다 있는 듯이 보였다. 수세미나 강낭콩 덩굴은 눈이 있는 것처럼 지주 대를 찾아 올랐고 호박과 오이들은 장마철은 용케도 열매를 키우지 않고 떨어뜨렸다.

모든 생명체는 종족을 보존하려는 속성을 가지고 있다. 그 속성은 자기희생이다. 동물들에게 이런 속성은 대체로 암컷에게 강한데, 드물지만 수컷이 더 강한 놈도 있다. 가시고기란 놈이 그렇다고 한다. 또 곤충류 가운데는 새끼가 어미의 몸뚱이를 파먹으면서 자란 놈도 있다고 한다.

어찌 보면 사람도 마찬가지다. 부모들은 자녀들을 위해 모든 것을 바치고 세상을 떠난다. 사람들이 제가 잘나서 이렇게까지 자란 줄 알지만 곰곰이 따져 보면 모두 자기 부모의 희생을 발판으로 자랐다. 그것은 하늘의 마음이요, 하늘의 뜻이기도 하다.

오늘 따라 메마른 호박잎과 줄기가 할아버지, 할머니, 아버지, 어머니의 잔영처럼 느껴지면서 새삼 그분들의 희생에 고개 숙여진다.

(2004/10/17)

가을걷이가 끝난 텅 빈 텃밭, 내년 봄까지 긴 겨울잠에 빠질 것이다

서울깍쟁이 너는 아느냐, 군불 때는 재미를

심심할 때는 아궁이에 군불을 지핀다

요즘 나는 글이 잘 써지지 않거나 게으름이 나면 뒷산에 가서 나무를 하거나 마당에 나가 도끼질을 한다. 그러면 머리가 가뿐해진다. 혼자서 아주 심심할 때는 아궁이에 군불을 지피면서 타오르는 불길을 바라보면 무료함을 잊을 수 있다.

아내는 내가 하는 가사 일이 서툴다고 불만이지만 군불 때는 일만큼은 마음에 드는 듯 칭찬을 아끼지 않는다. 어린 시절에는 쇠죽을 숱하게 끓였다.

그때는 장작이 귀해서 주로 짚이나 왕겨를 땠다. 짚을 땔 때는 부지런히 아궁이로 짚을 집어넣어야 했고, 왕겨를 땔 때는 오른손으로는 풀무를 돌리고 왼손으로는 왕겨를 집어 불더미로 던져 줘야 불이 계속 타올랐다.

어린 시절 우리 집에는 아궁이가 세 군데였다. 안방, 건넌방 아궁이는 밥솥이 걸려 있는 부엌에 있었다. 이곳은 할머니나 어머니, 고모들이 끼니 준비로 불을 지폈고(사내아이는 부엌에 오면 고추 떨어진다고 못 들어오게 했다), 사랑은 쇠죽을 끓이는 아궁이로 남정네들이 불을 땠는데 주로 내가 많이 땠다.

우리 집만이 아니라 그 시절에는 집집마다 아궁이에 불을 때서 밥도 짓고 난방도 했다. 사람들이 사시사철 산으로 나무를 하러 가서 산들이 온통 민둥산으로 아주 볼썽사나웠다. "이 산 저 산 다 잡아 먹고 '어흥' 하는 게 뭐냐?"는 수수께끼가 나올 정도로 '아궁이'는 산의 나무들을 다 집어 삼켰다.

아침 저녁 밥을 지을 때면 마을에는 집집마다 밥 짓는 연기가 모락모락 피어올라 멀리서 보면 온 동네가 그 연기에 휩싸였는데 지금은 그런 광경을 찾아볼 수가 없다. 강원 산골에도 불을 때서 밥을 짓는 집이 거의 없다. 모두 전기 아니면 가스로 밥을 짓고 반찬을 한다. 난방도 기름 아니면 심야 전기보일러다. 이러한 생활수준의 향상으로 마침내 고질적인 벌거숭이산이 산림녹화가 잘 돼 지금은 전국의 산이 온통 숲으로 뒤덮였다. 그새 그 흔했던 나무꾼이 사라지고 푸나무 하는 이도 없어서 지금은 야산도 잔뜩 우거져서 벌초 때마다 산소로 가자면 곤욕을 치를 정도다.

지금 안흥 산골 집은 방이 네 개인데, 본채에 두 개 아래채에 두 개다. 본채는 심야 전기 난방이고, 아래채의 글방은 전기 패널이고, 다른 하나는 온돌 아궁이다. 이 온돌방은 장판까지 재래식이다.

요즘은 집집마다 나무를 때지 않는 탓에 나무가 흔하다. 산에 오르면 간벌한 것도, 밭에는 옥수숫대, 콩대 등 부지런하면 얼마든지 주워서 땔 수 있다.

얼마 전에는 뒷산 주인이 산을 둘러보려고 왔기에 나무를 좀 해서 땔감으로 쓰겠다고 하자, 잡목은 얼마든지 해서 때도 좋다고 허락했다. 산감이 나무꾼을 잡던 얘기는 '호랑이 담배 먹던 시절' 얘기로 요즘 아이들은 그런 세월도 있었냐고 물을 게다.

불쏘시개로 장작에 불을 붙이자 그동안 바짝 메말랐던 나무가 "딱 딱" 소리를 내면서 잘도 탄다. 나는 고래로 빨려드는 불길을 보면서 이런 저런 상념에 빠졌다.

어린 시절의 꿈

어렸을 때 나는 교사가 되고 싶었다. 대도시가 아닌 시골 초등학교 교사가 꿈이었다. 그런데 그 꿈은 차츰 바래져서 초등학교보다는 중학교, 중학교보다는 고등학교 교사가 되려고 했고, 시골 학교보다 서울의 교사가 되려고 했고, 다시 도심의 교사가 되려고 했다.

제대한 뒤 처음 나는 시골 중학교 교사가 되었다. 그 학교에서 한 학기를 마치고 서울의 중학교 교사가 된 다음, 다시 도심의 고등학교 교사가 되어 30여 년 동안 교단에 섰다. 지난해를 끝으로 교단생활을 마무리하고 이 산골로 내려온 것이다.

그뒤 재직했던 학교 행정실에서 퇴임교사에 대한 훈장(옥조근정훈장)이 나온다고 받으러 오라고 했다. 나는 선뜻 훈장을 받으러 식장에 가고 싶지가 않았다. 내가 훈장을 받을 만큼 이 나라 교육 발전에 도대체 얼마나 이바지했는가에 대한 의문 때문이었다.

의로운 교사가 되기보다는 분위기에 휩싸이는, 사람을 가르치는 교육자라기보다 지식을 전수하는 월급쟁이에 지나지 않았던, 나약한 교사였다는 자괴감이 앞서서 끝내 식장에 가지 않았다.

현직에 있으면서도 학교 현장에 일어나는 일들에 때때로 괴로워했지만(하나의 예만 들면, 많은 학교들이 경쟁적으로 학생들에게 타율학습을 시키면서도 자율학습이라면서 돈을 거둬 수당을 나눠 갖는 일 등), 나는 용감하게 앞장서서 고치지도 못했고 늘 끌려다니기만 하다가 마침내 물러났다. 참 못난 비겁쟁이였다.

지난 세월이 '일장춘몽'이라고 하더니, 서울에서 한 30여 년의 교직 생활이 그렇다. 나에게 배운 학생들 모두에게 사죄하고 싶다. 이런 저런 망상을 하는데 한 친구에게서 전화가 왔다.

"너 내 말 안 듣고 시골 내려가서 언제까지 있을 거냐?"

그는 얼른 짐을 싸서 올라오라고 한다. 그의 긴 충고를 듣기만 하고는 전화를 끊었다. 그는 내가 어려울 때 밥과 잠자리를 줬던 고마운 친구였다. 그 친구의 마지막 말이다.

"이 불황에 붙어먹을 수 있을 때까지 붙어먹지 않고, 왜 네 발로 철밥그릇 차고 뛰쳐나가 촌에 가서 사서 고생하니?"

'너는 아궁이에 군불 때는 이 재미를 모를 거야, 이 서울깍쟁아.'

나는 혼잣말처럼 중얼거리며 참나무 장작을 아궁이에 가득 밀어 넣었다. 오늘 밤은 방바닥이 아주 따끈할 것이다.

(2004/10/19)

다람쥐와 보낸 어느 가을날

다람쥐의 잦은 방문

교통이 불편한 산골이다 보니 찾아오는 이가 별로 없다. 그래도 매일 한 차례씩 우체부가 편지나 신문을 배달하러 들르고 이따금 택배 배달원도 들른다.

그동안은 앞집 노씨 부부가 내 집에 뻔질나게 드나들었는데, 올 여름 가을 채소농사를 실패한 뒤로는 노씨 부인이 생활비라도 벌려고 찐빵 집에 삯일을 나가기 때문에 요즘은 뜸하다.

노씨 아저씨도 온종일 집을 지키다가 심심하면 찾아와 이런저런 동네 얘기를 전해주시곤 했는데, 며칠 전부터 산판에 간벌하러 갔다. 부인이 벌어온 돈으로 담배를 사 태울 수 없어서 간다고 했다.

내 집을 찾은 다람쥐는 먼저 주인이 어떤 사람인지를 가늠하고 있다

썰렁하지만 그래도 가을볕이 좋은 날, 글을 쓰다가 잠시 눈길을 바깥으로 돌리면 다람쥐들이 쓱쓱 지나간다. 오늘만 그런 게 아니라, 요 며칠 부쩍 다람쥐의 방문이 잦았다. 같은 쥐라도 다람쥐가 집안에 드나드는 것은 싫지가 않다. 갑자기 다

노씨가 가지고 온 잣송이를 담은 부대

람쥐가 웬 영문일까 의문에 싸여 있는데, 아내의 애기를 듣고 모든 게 다 풀렸다.

보름 전 쯤 앞집 노씨가 개 사료 부대를 들고 내 집에 왔다. 거기에는 잣송이가 가득 들어 있었다. 상안리에 사는 박씨가 내게 전해주라면서 맡기고 간 걸 가지고 왔다고 했다.

지난 9월 25일, 〈나는 왜 보고 싶고 그리운 사람이 많을까〉라는 기사를 쓰면서 박씨 내외 애기와 함께 그들 부부 사진을 올린 것을, 그분 내외가 무척 고맙게 여긴 나머지 감사한 마음으로 잣송이를 보낸 것이라고 했다. 좋게 말하면 인정으로 보낸 것이요, 굳이 나쁘게 풀이하면 기사에 대한 사후 사례를 받은 셈이었다(이 고백이 기자 신분 박탈 사유가 되지 않을지 모르겠다). 그것을 굳이 돌려주면 오히려 마음 상하게 할 것 같아서 지난번 찐빵 축제날 부인을 만나서 잘 받았다고 인사를 하고는 대신 저녁을 대접한 적이 있다.

그동안 이런저런 일로 바쁘기도 하고, 잣송이를 일일이 까는 게 쉬운 일도 아니라 한동안 뜰에 두었다. 근데 다람쥐란 놈이 용케 알고서 며칠째 드나들면서 부대안의 잣으로 신나게 배를 채우고 가느라 내 눈에 자주 띈 것이었다.

그 이야기를 다 들은 뒤 다람쥐가 손대지 않은, 낱알이 잔뜩 달린 잣송이를 골라 뜰에 두고 내 글방에 들어와서 지켜보았다. 그러자 곧 다람쥐가 사방을 두리번거리면서 뜰에 나와서 익숙한 솜씨로 잣 껍데기를 벗기면서 오찬을 즐기는 것이었다. 아내도 그 광경을 지켜보면서 사람들이 쟤들의 식량을 모두 뺏은 건데 나에게 쩨쩨하게 하나만 준다면서 좀 많이 주라고 나무랐다. 나는 다시 아홉 송이를 뜰에 두고 카메라 앵글을 잡은 채 기다렸다.

잠시 뒤 다시 다람쥐가 나타났다. 경계하는 듯 사방을 두리번거리고는 잣송이에 달려들어 앞발과 입으로 부지런하게 잣알을 까먹었다. 내가 창을 열고 카메라 셔터를 계속 눌러도 다람쥐는 도망가지 않고 제 배를 채웠다. 내가 자기를 해칠 사람으로는 보지 않았나 보다.

제가 잣을 까먹을 동안 저를 해치지 않을 거죠, 박도 씨!

거의 대부분의 동물들은 사람을 매우 무서워한다. 모든 동식물의 소원은 하나같이 '사람이 없는 세상에서 살고 싶어요'가 아닐는지. 대부분 사람은 이 세상에 오직 사람만 사는 양 동식물을 마구잡이로 사냥하거나 채취하고, 학대하고, 그들이 못살게 환경을 더럽힌다.

요즘 시골길을 차로 달릴 때 가장 가슴 아픈 것은 차에 치인 야생동물들의 흔적이 눈에 띄는 일이다. 밤중에 야생동물들이 먹잇감을 구하러 도로를 건너다가 차를 미처 피하지 못하고 교통사고를 당한 게 대부분이리라.

사람들은 저희만 살겠다고 온 들과 산을 파헤치고 물길을 막고 강과 바다를 더럽히고 있다. 그것도 부족해 땅속을 파헤치고 하늘까지 오염시키고 있다.

사람들은 이 땅위의 모든 동식물을 구워먹고, 지져먹고, 볶아먹고, 끓여먹고, 날것으로 회쳐 먹기도 한다. 그러고도 사람들은 죽은 뒤 다시 하늘나라로 가기 위해 기도한다.

다람쥐가 잣송이에서 잣알을 꺼내고 있다

다람쥐와 보낸 어느 가을날 | 229

동물들은 사람에게 먼저 덤비지 않는다

몇 해 전에 항일유적답사로 중국 길림성 연길에 갔을 때다. 우리 일행을 안내하던 택시기사가 끈질기게 곰 사육장으로 안내하겠다고 해서 아주 난처해한 적이 있다. 결국 봉사료로 돈을 몇 푼 더 주고 가지 않았지만 그곳을 다녀온 사람들의 이야기로는 살아있는 곰의 쓸개에 고무호스를 연결한 뒤 쓸개즙을 빼게 한다는 것이다.

사람이 저만 살겠다고 그래도 되는 건지? 하늘은 사람에게 그런 짓까지 허용했는지? 그렇게 더 살아서 무엇을 하겠다는 건지? 정말 하느님이 계시다면 그런 사람들을 용서하실는지? 곰곰이 곱씹어볼 일이다.

요즘 우리 집에는 여러 동식물들이 함께 산다. 잡초는 뽑다가 이쪽이 지쳐서 함께 살고, 지난번에 된통 쏘인 땅벌도 여태 그 자리에 두고 있다.

지난 봄에는 멧새 한 쌍이 처마 밑에 둥지를 틀어 새끼 몇 마리를 기른 뒤 떠났고, 이즈음에는 청설모도 가끔 찾아와서 집안을 맴돌다가 간다. 불청객 쥐들도 늘 집안 언저리를 맴돌면서 공존하고 있다.

아침저녁으로 자주 멧새가 찾아와서 경쾌한 노래를 들려주고 가기도 하고, 한밤중이면 뭇 짐승이 뒷산에서 내려와 어슬렁거리다가 돌아간다. 그런데 여기 와서 한 가지 깨달은 것은 뭇 동물들은 사람이 자기들을 해치지 않는 한 먼저 사람에게 공격하지 않는다는 사실이다.

지난번 땅벌에 된통 쏘인 것도 내가 문을 '쾅' 닫는 바람에 생긴 일이었다. 문소리에 땅벌들의 집이 흔들려서 그들이 제 집을 지키려고 죽음을 무릅쓰고 내게 달려들었던 것이다.

마침 장날이라 장 구경도 할 겸 해서 점심은 장터에서 국수로 때우고 집으로 돌아왔다. 뜰에 둔 잣송이를 보자 두 송이는 뜰 아래로 옮겨졌고, 나머지 일곱 송이는 뜰 위에 그대로 있다. 가서 살피자 세 송이의 잣알은 모두 먹었지만 나머지 여섯 송이 잣알은 그대로 박혀 있었다.

다람쥐는 배가 부른 양 더 이상 먹지 않고 제 집으로 돌아간 모양이다. 이처럼 야생동물은 욕심이 없다. 그들은 제 배만 차면 절대 더 욕심내지 않는다. 황금물결의 논에 날아드는 참새도 제 배만 채우면 더 이상 먹지 않는다. 내일 양식은 내일 해결할 양 가져가지도 않는다. 동물학자들의 이야기를 들어보면 오직 사람만 배탈이 있다고 한다.

박씨가 두고 간 잣송이를 두고두고 다람쥐 밥으로 주면서 그를 기다리며 이 가을을 보내야겠다.

(2004/10/23)

잘 먹고 갑니다. 내일 또 오겠습니다. 안녕!

그가 보고 싶다

산촌에 밤이 드니

곧 보름이 다가올 모양이다. 산촌에서 바라본 달은 더없이 맑고 밝다. 전직을 속일 수 없다더니 시조 한 수가 흥얼거려진다.

> 산촌에 밤이 드니 먼 곳의 개 짖어온다
> 시비를 열고 보니 하늘이 차고 달이로다
> 저 개야, 공산 잠든 달을 짖어 무엇 하리오

이 시조는 조선시대 '천금'이라는 기녀의 작품으로, 임을 기다리는 살뜰한 외로움을 노래하고 있다. 이 작품을 배우고 가르치던 시절에는 노래의 참 맛을 깨닫지 못하고 무턱대고 외기만 했다. 그런데 오늘같이 달 밝은 밤에 읊조리자 그리운 사람들이 새록새록, 밤하늘의 별처럼 떠오른다.

오늘 따라 옛 전우 김 일병이 떠오른다. 나는 학훈단 출신으로 대학을 졸업한 뒤 곧장 보병학교를 수료하고 전방 소총 소대장으로 2년 남짓 복무하고서 전역했다.

김 일병, 그는 충북 어느 두메산골 출신으로 고향에서 가까운 대학에 다니다가 드물게 전방 소총소대 소대원으로 입대한 친구였다. 소대장 생활을 하다보면 알게 되는데, 대체로

소대원의 학벌이 높을수록, 도시 출신일수록 눈치 빠르게 행동하고 빤질대기도 잘 했다. 그러나 그는 학벌을 뽐내거나 잘난 척하는 인물이 아니었다.

그는 그야말로 충청도 촌놈 티가 물씬 풍길 정도로 순박했다. 키가 후리후리하고 몸매가 가냘팠으며 유난히 눈이 커서 귀엽게 잘 생긴 친구였다.

1969년 겨울 한강과 임진강이 합류하는 서부전선 최북단, 강 건너 보이는 산이 북녘 땅이다(왼쪽에서 세 번째가 김 일병, 네 번째가 필자).

전입 초, 그가 얼음을 깨고 소대원의 식기를 도맡아 닦는 것을 보면서 안쓰러운 마음도 들었지만 한편 괜찮은 친구인 것 같아 소대 소총수로는 아까운 인물로 여겼다. 그는 전혀 손(빽)을 쓰지 않아서 말단 소대 소총수로 온 것이었다. 그의 순박함과 청렴함에 더욱 마음이 갔다.

그 무렵에는 월남전이 한창이었다. 국군 파월 초기에는 비전투요원이었으나 차츰 월남전에 깊이 개입하면서 마침내 수많은 전투요원이 파병되었다.

초기에는 서로 월남에 안 가려고 대부분 손을 썼지만, 많은 전투 수당과 귀국 때 가지고 오는 일제 카메라나 녹음기와 같은 외제품에 혹해서 중반부터 한 밑천 잡겠다는 지원자가 많았다. 그러나 종반 무렵 전상자가 속출하자 서로 가지 않으려는 현상이 다시 일어났다.

김 일병이 우리 소대에 있었을 땐 중반기로서 월남 지원자가 많았을 무렵이었다. 어느 날 연대 인사과에서 내려온 파월자 차출 명단에 김 일병의 이름이 있었다. 깜짝 놀라 그에게 물었다.

"제가 소대장님 몰래 연대 인사과로 가는 중대 행정병에게 부탁해서 파월을 지원했습니다."

"왜?"

"제대한 뒤 복학할 때 등록금 마련하려고……."

이미 엎지른 물이고 내가 그의 등록금을 마련해 줄 형편도 아니라서 그의 파월 지원을 막을 수는 없었다.

"김 일병, 몸조심해라. 죽으면 말짱 헛일이다."

"네, 꼭 살아서 돌아올게요."

며칠 뒤 그는 소대를 떠났다. 그뿐 아니라 많은 이 땅의 젊은이들이 월남의 불구덩이에 뛰어들었다. 그들 가운데는 자의로 간 친구도, 명령에 따라 간 친구도, 그 참에 외국 구경하러 가서 일제 카메라 들고 돌아오겠다는 친구도 있었다.

많은 젊은이가 월남의 정글에서 생명을 잃거나 부상당했다. 그들의 핏값으로 국군 장비가 현대화하고, 경부고속도로가 뚫리고 경제개발도 이루어졌다.

반면 월남에서 돌아온 유골상자를 얼싸안고 몸부림치는 부모도 있었고, 전사 보상금을 팽개치는 여인들도 있었다.

"이 돈 필요 없다. 내 아들 살려내라!"

"내 남편 살려내라!"

다시는 이 땅의 젊은이들이 남의 나라 전쟁터로 가는 일이 없기를 바랐는데 지금도 젊은이들이 남의 나라 전쟁터로 떠나고 있다. 이 비극이 언제 끝날는지…….

그때 김 일병이 파월된 뒤 이제껏 그의 후문을 듣지 못했다. 그는 살아서 돌아왔으리라.

이 밤 그가 보고 싶다. 나도 그의 이름을 또렷이 기억하고 있는데, 그도 별난 내 이름을 분명히 기억하리라. 그가 나의 글을 보고 쪽지함(인터넷 상에서 간략한 글을 서로 주고받는 서비스)으로 전화번호를 보내줬으면 좋겠다. 날이 밝으면 곧장 달려가서 그를 만나고 싶다.

(2004/10/26)

아마도 세월이 약이었을 것이다

사고는 순간의 감정을 억제하지 못하다가

> 삶이 그대를 속일지라도
> 슬퍼하거나 노하지 말라
> 슬픈 날 참고 견디면
> 즐거운 날이 오고야 말리니.
>
> 마음은 미래에 사느나니
> 현재는 한없이 우울한 것
> 모든 것 하염없이 사라지나
> 지나가 버리면 그리움이 되리니.

 러시아 문호 푸시킨의 〈삶이 그대를 속일지라도〉라는 작품이다. 내 어린 시절 시골 이발소 벽에는 호랑이 그림과 함께 이 시를 액자에 담아서 장식용으로 많이 걸어 놓았다. 그래서 지금도 그 전문을 욀 수 있을 정도다.
 얼마 전, 우연찮게 이 시를 읽으면서 다시 곱씹어 보니까 그렇게 좋을 수 없었다. '슬픈 날 참고 견디면'의 시행이 이 시의 주제 행으로 볼 수 있겠는데, 사람이 살아가면서 참으로 가슴에 아로새길 말이다.

뭔가 일을 저지른 사람들은 순간의 감정을 누르지 못하고 '욱' 하는 성질에 그만 일을 저질러 평생 후회하면서 살기도 한다.

내가 전방 소총소대장 때의 일이다. 1969년 초겨울 어느 날, 땅거미가 질 무렵이면 날마다 한 차례씩 들르는 부식 수송트럭 편에 한 녀석이 짐칸에 실려 우리 부대로 전입해 왔다.

그날 늦은 밤 중대 일일결산 시간이었다. 중대장과 소대장 4명, 그리고 인사계 해서 모두 여섯 명이 모여 하루 일과를 점검하고 다음날 일과를 의논하고 있었다. 그런데 조금 전 전입해 온 이 일병을 다른 소대장이 모두 받지 않겠다고 하였다.

그해 겨울 중대 연병장에서(앞쪽이 이 일병, 뒤쪽이 필자)

그는 남한산성에 있는 육군교도소를 갓 출소한 병사로 남은 군복무 기간을 마치러 우리 중대로 전출해 온 친구였다. 요즘은 이런 경우 곧장 불명예제대를 시킨다고 한다.

소대장들이 그를 배구공처럼 넘기자 중대장이 내 눈치를 살폈다.

"제가 맡지요."

그러자 중대장은 내게 세심한 지시를 했다. 늘 그의 행동을 주시할 것, 야간근무는 내보내지 말 것, 소대 전령 보직을 줄 것 등 시시콜콜하게 늘어놓았다. 건성으로 대답은 했지만 나의 통솔법과는 달랐다.

중대장의 지시대로 한다면 오히려 역효과가 나서 다시 사고자로 만들기 쉬울 것 같았다. 관심은 갖되 겉으로 드러나거나 그의 자존심을 상하게 해서는 안 된다는 것과, 지난날의 과오는 불문에 붙이고 다른 소대원들과 똑같이 대해야 한다는 게 내 지론이었다.

그는 내 소대로 온 뒤 별일 없이 잘 지냈다. 나는 그에게 한 번도 전과를 묻지 않았다. 하지만 다른 소대원을 통해 그의 이야기가 자연스럽게 들려왔다.

비극으로 끝난 청춘남녀

그는 남쪽 바닷가 출신으로 군 입대 전에는 고기도 잡고 농사도 지었다. 원래 그의 병과는 기갑으로 전차 무전병이었다.

군 입대 전에 고향 마을의 한 아가씨와 장래를 약속했다. 군 복무 중 아가씨가 다른 남자와 결혼한다는 소식을 듣고 하늘이 무너져 내리는 배신감에 앞뒤 가리지 않고 부대장 권총을 훔쳐서 탈영했다.

그가 결혼식장에 도착한 때는 주례가 막 성혼선언문을 낭독할 때였다. 그는 품안의 권총을 꺼내들었지만 차마 신랑 신부는 쏘지 못하고 부르르 떨다가 천장을 향해 방아쇠를 당겼다. 결혼식장은 아수라장이 되고 그는 헌병대로 넘겨졌다. 그 뒤 2년 남짓 교도소 생활을 하고 남은 군 복무기간을 채우기 위해 우리 부대로 온 것이다.

그의 얘기를 듣고 보니 그 죄는 미울지라도 연민의 정이 갔다. 군 복무 중 연애 문제로 빚어진 사고가 꽤 된다. 그 당시 한창 나이에 3년이란 시간 동안 서로 떨어져 있는 게 웬만한 각오 없이는 쉽지 않은 모양이다.

군인 신분으로 자주 외출할 수 없으니까 더러 여자 쪽에서 전방까지 면회를 오기도 한다. 그런 경우 근처 민가가 면회 장소가 되고, 하룻밤 촛불을 밝히게 특박도 허락해 주었다. 그래서 그 무렵 전방 소대 주변에 단골 면회집이 한두 곳 있었다.

강바람이 몹시 불던 날 순찰 도중 경계 근무를 서고 있는 이 일병을 만났다. 마침 혼자 근무 중이라 말을 걸었다.

"고마워. 열심히 근무해 줘서."

"뭘요. 이제는 무사히 제대해야죠."

"이 일병 얘기는 다 들었지. 어때, 요즘 심경은?"

"후회합니다. 제가 잘못했습니다. 조금만 더 참았더라면 서로 상처가 크지 않았을 텐데."

"그 여자 후문은 들었어?"

"시집 간 지 얼마 안 돼……"

"……"

"……"

"어떻게 할 거야?"

"글쎄, 제대를 해 봐야죠. 제가 그 여자를 너무 믿었어요. 결혼한다는 말에 참지 못하고……."

이 일병보다 내가 먼저 제대를 했다. 이제껏 이 일병의 뒷이야기는 듣지 못했다. 아마도 세월이 약이었을 것이다.

(2004/11/2)

떨잎처럼 지고 싶어라

자동차도 오래 타면

자동차도 오래 타면 여기저기 손 볼 곳이 많아진다. 사람의 몸도 마찬가지일 게다. 아무튼 그동안 큰 병으로 병원 신세를 지지 않은 것만으로도 천만다행한 일이다. 엊그제는 자고 일어나자 눈자위가 빨갛게 충혈이 되었다. 눈을 너무 혹사해 그럴 테지 하고서, 하루를 쉰 다음날 아침에 보니 그 정도가 좀 더 심했다.

아무래도 전문의에게 진찰을 받는 게 좋을 것 같아서 서울 광화문 공안과에다 전화로 예약을 하자 다음날밖에 안 된다고 했다. 일단 예약을 해 두고 다음날을 기다리는데 여간 불

가을바람에 지는 떨잎

편하지 않았다.

점심을 든 뒤 아무래도 하루라도 빨리 치료를 받아야겠다는 생각에, 후다닥 차비를 차리고 아내에게 부탁하여 승용차로 새말휴게소로 가서 서울행 직행버스에 올랐다. 서울 도착 즈음에는 궂은비가 내렸다. 빗길에 부지런히 갔더니 다행히 접수 마감시간 전에 병원에 이르렀다.

한 시간 남짓 기다린 끝에 진찰을 받았다. 안구 검안을 마친 의사는 유행성 각결막염이라고 진단했다. 안도의 한숨이 나왔다. 사실 나는 다른 어느 기관이 나빠서 그 증상이 눈으로 나타난 합병증이 아닐까 하고 바짝 긴장했었다.

의사가 푹 쉬면서 잘 치료하여 월요일에 오라는 걸, 하루 앞당겨 일요일 오전으로 수정 예약했다. 나는 처방전을 받아 들고 약국으로 가 먹는 약과 안약을 조제 받았다. 밖으로 나오니 그새 빗줄기가 더 굵어졌다. 그대로 맞으며 서울 집으로 향했다.

이튿날은 토요일이라 서울 집에서 하루 정도 쉬기로 작정했다. 늘 만지던 컴퓨터를 만지지 않자 좀이 쑤셨다. 나도 그새 문명중독자가 됐나 보다. 눈을 쉬게 하려고 책 보는 일도, 텔레비전 보는 일도, 삼가자 마땅히 시간 보낼 일이 없어서 고역이었다.

마침 옆집 오 집사 아드님 결혼식 날이라 아침 일찍 축의금만 전했더니 꼭 참석해 달라고 신신당부를 했다. 눈 때문에 그냥 집에서 쉬겠다고 하자, 이따가 봐서 핏발이 수그러들면 꼭 와서 축하해 달라고 간청했다.

이웃 사이에 축의금만 건네주는 게 예의가 아닌 것 같아 조금 미안했는데 오 집사가 예식장 가는 길에 또 들러서 꼭 와 달라고 부탁했다. 눈을 보자 그동안 열심히 안약을 넣고 약을 제때 먹은 탓에 충혈이 조금 가라앉은 것 같아서 차비를 차리고 나섰다.

광화문의 한 교회에서 혼인예식을 보고 나자 2시가 조금 지났다. 토요일 오후 갑자기 친구에게 전화하기도 뭐해서, 이래저래 망설이다가 길 건너편 시네큐브광화문으로 발길을 옮겼다.

가는 길에 광명약국 앞 구두수선소에 들르자, 주인은 오늘도 열심히 구두를 닦고 있었다. 그는 활짝 웃는 얼굴로 반기면서 뭐라고 손짓을 하는데 반갑다는 인사말 같았다. 나는 목례로 화답하고 그곳을 지나갔다.

영화관에 가려고 ㅎ 생명보험 건물 지하 1층에서 에스컬레이터를 타고 지하 2층으로 내려가는데, 막 오르는 에스컬레이터에 시인 정희성 선생이 번쩍 손을 치켜들면서 반가운 인사를 했다. 잠깐 새 나는 지하 2층에, 정 선생은 지하 1층에 도착했다. 그러자 정 선생이 다시 지하 2층으로 내려와서 반갑게 악수를 나누었다.

정 선생은 토요일 일찍 수업을 끝내고 귀갓길에 영화 한 편 보고 돌아가는 길이라고 했다. 우선 매표소로 가서 시간을 확인하자, 다음 회 상영까지 한 시간 남짓 남아서 지하 1층 커피숍에서 정담을 나누었다.

사람은 나뭇잎과도 흡사한 것

정 선생과 나는 공통점이 많았다. 우선 나이가 같고, 국어 선생이라는 점, 교직 경력이 비슷하다는 점, 거기다가 학교까지 이웃 학교라서 지난해까지만 해도 퇴근 무렵 두 학교 중간

지점에서 만나 냉면도 먹고 차도 마시기도 했다.

만나 이야기를 나누면 내용조차 공통점이 많았다. 집 아이들 애기를 나누면 똑같이 남매를 두었고, 걔네들의 학교생활(학생회 간부)조차도 비슷했다. 정 선생은 아직도 현직에 머물고 있는데, 주로 나의 안홍 생활을 관심 있게 물었고, 나는 그분의 교단 생활에 관해 물었다.

> 발표 안 된 시 두 편만
> 가슴에 품고 있어도 나는 부자다
> 부자로 살고 싶어서 발표도 안 한다
> 시 두 편 가지고 있는 동안은
> 어느 부자 부럽지 않지만
> 시를 털어버리고 나면
> 거지가 될 게 뻔하니
> 잡지사에서 청탁이 와도 안주고
> 차라리 시를 가슴에 묻는다
> 거지는 나의 생리에 맞지 않으므로
> 나도 좀 살고 싶으므로
>
> — 정희성, 〈차라리 시를 가슴에 묻는다〉 —

정 선생이나 나나 부모로서 아직도 빚을 다 갚지 못한(여의지 못한) 아이들을 걱정하면서 광화문에서 헤어졌다. 당신은 1, 2관에서 상영하는 영화 두 편을 다 보았는데, 1관에서 상영하는 《비키퍼(The beekeeper)》의 주인공이 전직 교사라 정서에 더 맞을 거라면서 추천하고 떠났다.

시냇물에 떨어진 잎들

이른 봄, 사랑하는 딸을 시집보내고 평생직장이던 학교를 떠난 스피로는 이제 가업을 이어 꿀벌치기의 길을 떠난다. 낡은 트럭 뒤에 벌통을 가득 싣고 히스, 오렌지, 클로버, 백리향…… 꽃의 행렬을 따라…… 그의 기억 속에 남아 있는 꿀벌치기는 언제나 축제 같았지만.

이제는 몇 남지 않은 동료들과 겨우 지친 얼굴을 마주할 뿐…… 앙상한 추억만 되새기던 쓸쓸한 어느 날 밤, 그는 히치하이크 소녀를 트럭에 태우게 되고 갈 곳 없는 소녀를 자신이 묵는 방에 재워준다. 소녀는 스피로를 계속 유혹하는데…….

그리스의 명감독 앙겔로폴로스의 영상 미학을 배우 마스트로얀니가 잘 소화해냈다. 영화관을 나오자 밖은 그새 어둠에 묻혔다. 광화문 네모진 포도를 걷는데 샛노란 은행나무 잎이 떨어진다.

계절 탓인지, 나이 탓인지, 영화의 주인공이 죽음으로 끝난 탓인지, 갑자기 은행나무 떨잎처럼 지고 싶다. 제 몫을 다하고 내년에 돋아날 잎의 거름이 되고자 떨어지는 떨잎들!

나는 아직도 제 몫을 다하지 못하고 있다. 해야 할 일도 산더미처럼 쌓였다. 하지만 그것은 내 욕심이다. 어디 자기 일을 다 마치고 이 세상을 떠나는 이가 얼마나 되겠는가?

사람은 나뭇잎과도 흡사한 것, 가을바람이 땅에 낡은 잎을 뿌리면, 봄은 다시 새로운 잎으로 숲을 덮는다.

> 사람은 나뭇잎과도 흡사한 것, 가을바람의 땅에 낡은 잎을 뿌리면 봄은 다시 새로운 잎으로 숲을 덮는다. 세상은 한 큰 도시, 너는 이 도시의 한 시민으로 이때까지 살아왔다. 아! 온 날을 세지 말며, 그날의 짧음을 한탄하지 말라. 너를 여기서 내보내는 것은 부정한 판단이나 폭군이 아니요, 너를 여기 데려 온 자연이다. 그러니 가라. 배우가 그를 고용한 감독이 명령하는 대로 무대에서 나가듯이. 아직 5막을 다 끝내지 못하였다고 하려느냐? 그러나 인생에 있어서는 3막으로 극 전체가 끝나는 수가 있다. 그것은 작자의 상관할 일이요, 네가 간섭할 일이 아니다. 기쁨을 가지고 물러가라. 너를 물러가게 하는 것도 선의에서 나오는 일인지도 모를 일이니까.
>
> — 이양하의 《페이터의 산문》 가운데서 —

떨잎처럼 지는 날이 그 언제일지 알 수 없지만, 내가 그날을 담담히 맞을 수 있도록 미리 마음의 준비를 해 둬야겠다. 하지만 그날까지 남은 일을 조금이라도 더 할 수 있도록 건강했으면 좋겠다고, 하늘에 빌고 또 빈다. 이 바람도 나의 주제넘는 욕심일까?

하늘이시여! 당신 뜻대로 하소서.

(2004/11/7)

■ 쉰두 번째 편지 ‖ 혼자 사는 노인들

배추 한 포기에 담긴 사랑

면사무소 앞의 김장 행렬

산골의 겨울은 다른 곳보다 한 달은 빠르고, 또 길다고 한다. 그래서 산골사람들은 요즘 겨우살이 준비로 무척 바쁘다. 원주 귀래면에 사는 한 그림 그리는 분이 초대를 해 줘서 거기로 가려고 버스정류장이 있는 장터마을로 가는데, 면사무소 앞에서 열 분 남짓한 부인네들이 수백 포기 배추로 김장을 담그고 있었다.

마침 이창진 안흥면장이 그분들에게 음료수를 나눠주기에 웬 김장을 이렇게 많이 하냐고 여쭤보았다. 그러자 안흥면 새마을부녀회장(임경연, 44)을 소개시켜 주면서 직접 들어보라고 했다.

새마을부녀회원들이 면에서 나온 예산에 몇몇 독지가들이

안흥 새마을부녀회원들이 혼자 사는 노인을 위하여 6백여 포기의 김장을 담그고 있다

십시일반으로 보태서, 혼자 사시는 저소득층 노인 분이나 소년소녀 가장에게 겨우살이 김장을 마련해 주려고, 해마다 하는 자원봉사 활동이라고 했다. 올해는 6백 포기를 담그는데 그분들께 다 돌아갈지 모르겠다고 했다.

듣고 보니 내게 김치를 담가 주는 것 이상으로 고마웠다. 곁에 있는 면장도 면 내에 혼자 사시는 노인이 해마다 늘지만 행정력으로 돕는 데는 한계가 있다며 매우 안타까워 했다. "가난 구제는 나라도 못한다"는데 비온 뒤 죽순처럼 늘어나는 독거노인 문제는 여간 심각한 사회적 고민거리가 아닐 수 없다.

1980년대 초, 모교의 명망 있는 교수 한 분이 정년퇴임을 한 뒤, 퇴직금으로 마침 그 무렵에 생겨나기 시작한 실버타운에 들어가셨다는 얘기를 듣고 매우 큰 충격을 받았다. 그뒤 차츰 그런 얘기를 많이 듣게 되고, 해마다 성탄예배 뒤 학생회 대표와 헌금을 가지고 양로원을 방문해 보면 수용시설이 더 비좁아짐을 알 수 있었다.

며칠 전, 한 모임에 갔더니 제3공화국 시절에 장관을 지낸 한 분의 근황이 화제가 되었다. 그분은 재임 때 대통령의 신임이 두터워 최장수 장관이라는 영예를 누릴 정도로 능력과 청렴성이 돋보였던 분이었는데, 여든이 넘은 요즘은 독거노인 아파트에서 쓸쓸히 노후를 보내고 있어서, 당신의 초라한 몰골을 보이지 않으려고 웬만해서 면회를 허락하지 않는다고 했다.

수십 년 동안 교장을 지낸 한 분도 혼자 살다가 외롭게 숨을 거두었는데, 친지들도 돌아가신 날짜를 정확히 알지 못한다고 했다. 이제 이런 이야기는 뉴스거리도 되지 않을 정도로 우리 언저리에서 흔히 볼 수 있는 일이 되었다.

그동안 국민소득이 높아지고, 인권의식이 함양되고, 문화 수준이 높아진 반면, 대가족제도에서 소가족제도로, 다시 핵가족제도로 바뀌면서 전통적인 우리 가족의 모습이 갑작스레 허물어지고 차츰 홀로 살아가는 사람이 늘어가고 있다.

노령화 사회의 대안

농협 앞에서 횡성행 시내버스를 타자 승객 대부분이 노인들이다. 요기를 하려고 횡성에 내려 시가지를 지나쳐 가는 이는 온통 노인이요, 자장면 집에 들러 점심을 먹는데도 대부분 노인들이다.

횡성에서 아내 차를 타고 원주로 가는 길에 둘러봐도, 도로가를 걸어가는 대부분의 사람은 노인들이었다. 시골만 그런 게 아니라 도시의 공원도, 지하도에서 노숙하는 이도 노인들이 엄청 많다.

이런 세태에 의학계에서는 사람의 수명을 150세까지 늘인다고 하는데, 필자의 생각으로는 만일 지금과 같은 세태가 개선되지 않고 무작정 사람의 수명만 연장된다면, 아주 심각한

횡성 거리에서 만난 노인들

사회문제로 큰 환란이 올 거라는 예감이 든다. 지금도 우리 사회는 인구의 노령화가 큰 문제이고, 차츰 그 노령화에 속도가 붙어 문제는 더욱 심각해질 거라고 사회학자들은 내다보고 있다.

그렇다면 노령화 사회에 대안은 무엇일까? 그것은 사람의 평균 수명이 늘어난 만큼 사회적으로 일할 수 있는 연령도 상향 조정해야 하고, 노인들의 경제 활동도 활발해져야 한다. 이는 노인층도 사회도 다 함께 노력해야 할 일이다. 노인들도 스스로 건강관리를 잘 하고 경제활동에 적극적으로 참여해야 하고, 사회는 그런 노인들에게 알맞은 일감을 줘야 한다.

일본 오사카 성 입장권 집표원과 안내인으로 모두 노인들이었다. 가운데가 필자

지난해 일본을 두 차례 기행하면서 살펴본바, 노인들의 경제 활동이 두드러졌다. 이른 아침 배에서 부두로 상륙하자 복도에서 여객을 맞이하면서 친절히 인사하는 이도, 핸들을 잡은 기사도, 자기 고장을 친절히 안내하는 이도, 명승고적에서 입장권을 판매하거나 표를 받으면서 안내하는 이도 모두 노인들이었다. 그들은 모두 즐겁게 일하며 매우 친절하게 대했다. 손님 처지에서는 경륜이 많은 분들이 그 일을 하는 게 더 믿음이 갈 수밖에 없다.

우리 노인들도 건강이 허락하는 한, "환갑을 지낸 나이에 무슨……", "이 나이에 무슨 그런 막일을……"이라는 생각을 버려야 하고, 사회는 힘든 일은 젊은이에게 쉬운 일은 노인에게 맡기는 풍토를 마련해야 한다. 하지만 젊은이조차 일감이 없는 요즘 세상에 노인 몫까지 챙길 수 있으랴.

프랑스의 한 인류학자가 우리나라에 찾아와서 경남 어느

삼대가 사는 시골 대가족 가정에서 사흘을 머물고 돌아가면서 "앞으로 서구가 한국에서 수입할 것은 한국의 대가족제도다"고 하였다는데, 그들이 극찬한 우리의 가족제도를 우리 스스로 구시대의 인습인 양 내팽개치고 있다.

이 세상 사람은 언젠가 모두 노인이 된다.

자장면 집에서 만난 노부부의 다정한 모습. 요즘 찾아보기 힘든 장면이다.

(2004/11/16)

■ 쉰세 번째 편지 ∥ 이제는 지방화시대다

이젠 '사람의 새끼'도 시골로

도시 집중화 현상의 해결 방안

며칠 전, 앞집 노씨네가 배추를 뽑아서 우리 집 김장용으로 열 포기 남짓 보내왔다. 오늘 아내는 그 배추로 김장을 담근다고 이른 아침부터 부산했다. 이럴 때 점심 타령 하다가는 부부싸움하기 딱 알맞다. '눈치가 빠르면 절간에서도 새우젓을 얻어 먹는다'고 하는데, 부부생활에도 지혜가 필요하다. 그래서 내가 선수를 쳤다. 오늘 외식하자고. 어차피 주머니 돈이 쌈짓돈이 아닌가.

그러자 아내도 마침 방앗간에 고추 빻을 일도 있고, 황토염색 이불 주문받은 것도 택배로 보내야 한다면서 그러자고 했

예로부터 "인걸은 지령"이라고 했다.
백두대간 설악의 멧부리

다. 부부가 장터마을로 가서 쌍둥이네 방앗간과 택배 집에 들른 뒤 중국집에서 자장면을 막 들고 있는데 손전화가 울렸다.

베이징 따님 댁에 가 있는 선배로부터 온 전화였다. 선배는 나의 근황을 온라인으로 자주 보고 있다면서, 아내의 천연염색 작품에 대해 칭찬까지 아끼지 않았다.

나는 강원도 안흥 산골에 살고 있지만, 국내는 물론이거니와 미국에 있는 동포, 뉴질랜드에 사는 처남, 캐나다에 사는 제자, 키르키즈스탄에 사는 동포들과도 조금의 불편함이 없이 서로 전화나 메일을 주고받으며 지내고 있다.

이런 지구촌시대에 살면서 우리는 아직도 서울을 비롯한 수도권 인구집중이 문제가 되고, 경상도네 전라도네 충청도네 하면서 여태 지역을 문제 삼고 있다. 정말 짜증나지 않을 수 없다. 전국토의 17퍼센트밖에 안 되는 수도권에 전인구의 40퍼센트가 몰려 살고 있다니, 이건 엄청 잘못된 기형의 가분수다.

그동안 역대정권이 수도권 인구 집중을 막기 위하여 여러 정책을 펴 왔지만 백약이 무효였다. 지난번 대통령 선거에 한 후보가 수도 이전을 공약으로 내걸고 상대 후보보다 더 많은 지지로 당선되었지만, 헌법재판소의 위헌 판결로 이전 공약을 실행하지 못하고 있다.

결론부터 말하면 나는 행정수도 이전만으로 도시집중화 현상을 막을 수 없다고 생각한다. 행정수도 이전을 해봐야 또 다른 지역의 인구 집중을 일으킬 뿐이다. 이참에 사람들의 생각을 바꿔야 도시도 시골도 다 함께 잘 살 수 있는 나라를 만들 수 있다.

그러기 위해서는 당분간 도시에 사는 사람보다 시골에 사

아름다운 산골의 여름, 안흥면 송한리
에서 바라본 멧부리

는 사람들이 더 잘 살 수 있는 정책을 자꾸 개발하여 펼치다 보면 인구의 도시 집중화 현상은 저절로 해결될 수 있고, 이 방법만이 국토 균형 발전의 가장 근본적인 해결책이 될 것이라 본다. 그런데 문제는 정치인들이 나라의 백년대계보다 표만 의식하여, 인구가 적은 시골보다는 사람 많은 도시 위주로 정책을 편다는 데 있다.

대자연은 가장 위대한 교과서

사람들의 고향은 대부분 시골이고 엄밀하게 말하면 땅이다. 그런데 요즘 시골마을을 지나치다가 보면, 폐가가 된 집들도, 폐교가 된 초등학교 분교도 자주 보게 된다.

시골은 나무로 치면 뿌리와 같은 곳이다. 그런데 이 뿌리인 시골이 메마르고 있다. 이러고는 나무가 튼튼히 자랄 수 없다. 마찬가지로 시골이 황폐한 나라에 도시가 건전하게 발전할 수 없다.

내가 서울에서 산골마을로 내려와서 살아보니까 애초 생각했던 것보다는 불편함이 적었다. 도시사람들이 시골을 기

아이들이 없어서 폐교가 된 횡성군 강림면의 가천초등학교. 한 도예가가 공예문화교육원으로 꾸며 쓰고 있다.

피하는 까닭은 비문명적인 환경 때문이었는데, 요즘의 시골은 도시 못지않게 문명을 누리고 있다.

우선 전기, 전화, 인터넷 망이 전 국토에 거미줄처럼 연결돼 있고, 웬만한 산간도로도 모두 포장돼 있어서 차들의 통행이 자유롭다. 한두 시간이면 대도시로 나갈 수 있다.

지방자치단체의 행정 서비스도 엄청 좋아졌다. 노인들이나 학생들을 위해 무료 셔틀버스가 운영되는가 하면, 마을에 다리 하나를 놓는데도 어느 지점에 놓아야 좋은지 자치기관에서는 일일이 공청회를 열어서 주민들의 의견을 수렴하고 있었다.

지방자치단체에서 학생과 노인을 위하여 무료로 운영하는 셔틀버스

날마다 주차 문제로 이웃 간에 높은 목소리가 오가고, 일조권 침해네 사생활 침해네 하는 분쟁이 끊임없이 이어지는 도시 생활과는 달리 이곳 산촌 생활은 별천지다.

며칠 전, 초대받은 한 텔레비전 프로에서 사회자가 교육문제로 많은 시골사람들이 도시로 떠난다면서 이에 대한 내 생각을 물어왔다. 자녀를 큰 인물로 키우려면 오히려 시골에서 키워야 한다는 평소 내 소신을 밝히자 그에 따른 근거를 물었다.

그래서 "우리나라 역대 대통령을 보라. 서울 출신이 있는가? 그리고 훌륭한 예술가나 학자들의 성장지를 보라. 거의 대부분 산수 좋은 시골이 아닌가?"라는 내 얘기에 그는 고개를 끄덕였다.

아름다운 동해 바닷가, 이런 해변마을에서 자란 아이가 큰 인물이 될 것이다

"마소의 새끼는 시골로, 사람의 새끼는 서울로 보내라"는 속담을 이제는 '사람의 새끼도 시골로'로 고쳐야 할 때다. 왜냐하면 시골 학교는 전교생이 1백 명도 안 되는 경우가 많기 때문이다. 그만큼 교사로부터 알뜰하게 개인지도도 더 받을 수 있다. 그리고 가장 위대한 교과서인 대자연으로부터 도시 아이들보다 더 많이 배울 수 있기 때문이다.

자녀교육 문제로 도시로 가려는 분들이여, 자녀를 사람다운 사람으로, 더 큰 인물로 키우려면 그냥 지금 사시는 곳에 그대로 사십시오.

(2004/11/20)

'우애'의 전설이 깃든 안흥 주천강가의 삼형제바위

겨울은 비우고 사는 계절이 아닐까

쓸쓸한 겨울 산길 들길

산골의 겨울은 빠르다. 아침에 뜰로 나가자 플라스틱 대야에 담긴 물이 꽁꽁 얼었다. 입동이 지난 지 오래고 엊그제 소설이 지났으니 이제는 추울 때도 되었다. 늘 책상에서 궁싯거리기도 따분해서 오늘은 산길 들길을 쏘다녔다.

산길은 고즈넉하기 그지없다. 어쩌다가 사람을 마주칠 뿐 오히려 까마귀나 까치, 까투리나 장끼 같은 날짐승이나 다람쥐 같은 산짐승을 더 자주 만난다.

내가 사는 고장은 앞도 산이요, 뒤도 산, 왼쪽도 산, 오른쪽도 산으로, 눈만 뜨면 보이는 게 온통 산으로, 그야말로 산속에 살고 있다.

봄은 봄대로, 여름은 여름대로, 가을은 가을대로, 겨울은 겨울대로 산은 네 계절 모두 볼만하다. 때로는 그 경치가 너무 아름다워서 눈으로 다 보지 못하고 마음에 담아두기도 한다.

사실 이런 아름다움을 느끼지 못하면 낯설고 물선 이 산촌에 살 수 없다. 때때로 그냥 바라보기만 해도

가을걷이가 끝난 텅 빈 겨울 들판

까무러칠 정도의 아름다움에 혼자서 푹 빠지곤 한다.

요즘의 겨울 산은 나무들이 떨잎을 죄다 떨어뜨려서 쓸쓸하기 그지없다. 앙상하게 벌거벗고 있는 그 모습이 썰렁해 보이지만 곧 함박눈이 내려서 앙상한 나뭇가지는 온통 눈꽃을 피울 것이다.

떨잎을 떨어뜨린 앙상한 자작나무들

겨울의 들길은 황량하기 그지없다. 가을걷이가 모두 끝나 들판은 텅 비어 있다. 봄부터 가을까지 들판을 채웠던 곡식들이 모두 거둬지고 그루터기만 남아 있다. 텅 빈 들판이 썰렁해 보이지만, 이 겨울에도 들판이 가득 차 있다고 가정해 보면 그 풍경이 더욱 을씨년스러울 것 같다.

자연은 일년에 한 번씩 가진 것을 모두 비운다. 이것이 대자연의 순리인가 보다. 사람도 이따금 한 번씩 비워야 건강하게 살 수 있을 것이다. 비워버릴 때는 가재도구와 같은 물질과, 그동안 쌓였던 여러 정신적 상념들까지 같이 떨쳐 버려야 한다.

현대인들은 너무 많은 것을 가지고 산다

요즘 현대인들은 너무 많은 것을 가지고 산다. 친구 부인이 서울에서 남편의 직장 관계로 제천으로 내려가서 아이들 때문에 두 곳 살림을 하다가, 최근에 남편의 퇴임으로 다시 서울로 살림을 합쳤다고 했다. 제천을 떠날 때는 그곳의 살림은 버리다시피 떠나왔는데도 사는 데 전혀 불편하지 않다면서 그동안 그 가재도구에 골몰했던 자신이 어리석었다는 얘기를 하였다.

　나도 서울에서 문패를 달고 33년 동안 한 번도 이사를 하지 않고 한 집에서 살다가 몇 해 전 집이 너무 낡아서 대대적으로 보수를 했다. 그때 다락방에서 나온 가재도구가 무척 많았다. 누구네 개업 기념으로 받은 그릇이나 소품, 그리고 그때그때 버리기에 아까워서 갈무리한 가재도구들이었다. 그것들을 빈 터에 쌓아두었다가 미화원 아저씨에게 웃돈을 드리고 몽땅 치워버렸다.

　살림살이만 그런 게 아니다. 우리 몸도 마찬가지다. 올 초 미국에서 47일 동안 지내면서 살펴보니, 미국사람들의 경우 네댓 가운데 한 사람 꼴은 이상 비만자였다. 어떤 이는 2백 킬로그램이나 될 정도로 자기 몸도 주체하지 못했다. 이런 비만이 우리나라에까지 옮아와서 우리 주변에서도 쉽게 볼 수 있게 되었다.

　세상 참 고르지 않다. 몇 해 전, 중국 선양의 어둑한 밤길에서 누군가가 우리 일행의 앞길을 막아섰다.

　"선생님들, 남조선에서 오셨어요?"

　15세 가량의 깡마른 소년이었다. 그는 서슴없이 손을 내밀었다.

가을걷이가 끝난 논에서 낟알을 주워 먹는 닭들

　"저는 북조선에서 온 꽃제비예요."

　소년의 눈빛이 너무나 애잔했다. 우리 일행은 주머니를 뒤져 몇 푼을 그 소년의 손에 쥐어주었다. 지구촌 한 곳에서는 비만으로 신음하고 있고, 다른 한 쪽에서는 식량난으로 굶주리고 있다. 그런데도 가진 자는 더 많이 가지려고 아귀다툼이다. 제 몸의 체중도

봄을 기다리는 싹들

주체하지 못하고 헉헉거리면서 깡마른 소년의 쪽박까지 깨트리려고 한다.

떨잎이 떨어진 썰렁한 산길, 가을걷이가 끝난 텅 빈 들길을 거닐며 가재도구도 내 몸과 마음도 이따금 비우고 살아야 건강하게 사는 비결임을 깨달으며, 참다운 하늘의 뜻을 곰곰이 생각해 보았다.

겨울은 비우고 사는 계절이 아닐까?

(2004/11/24)

■ 쉰다섯 번째 편지 ‖ 젊은 농사꾼 윤종상 씨

"농촌에 온 거 후회 안 합니다"

갓난아이를 볼 수 없는 시골

시골 할머니들은 "마당 빨랫줄에 아기 기저귀 늘어놓은 것을 보지 못한 지 10년은 더 된 듯하다"고 말씀하신다. 이 말은 시골에 젊은 부부가 없다는 말도 되고, 이제는 시골의 젊은 엄마들도 대부분 일회용 기저귀를 사 쓴다는 말도 된다.

아무튼 시골 곳곳을 쏘다녀 보아도 젊은 부부나 갓난아이 보기가 여간 어렵지 않다. 이런 현상은 우리나라만 그런 게 아니라 지난 봄, 중국 연변에 갔을 때도 마찬가지였다. 그곳 사람들도 마을에 혼인잔치가 끊어진 지 몇 해가 되었다면서 농촌 총각들이 장가를 가지 못해 큰 문제라고 개탄했다.

들길에서 선 어머니와 아들의 다정한 모습

최근 삼사십 년 동안 우리 농촌에는 '탈 농촌' 태풍이 몰아쳤다. 전국 어디 할 것 없이 농촌 인구가 지역에 따라 20~50퍼센트 정도로 확 줄어 버렸다. 특히 젊은이들의 '탈 농촌화'가 매우 두드러졌다.

> 앵두나무 우물가에 동네처녀 바람났네.
> 물동이 호미자루 내사 몰래 내던지고
> 말만 들은 서울로 누굴 찾아서
> 이쁜이도 금순이도 단봇짐을 쌌다네.
>
> ─ 김정애 노래 〈앵두나무 처녀〉 ─

고향을 먼저 등진 사람은 대체로 미혼 여성들이었다. 그에 따라 농촌총각들도 고향을 등졌다. 심지어 결혼을 하기 위해 몇 해 동안 일부러 도시로 간 농촌총각도 있었다.

요즘 시골 젊은 아낙네 가운데는 연변이나 필리핀, 베트남 등지에서 시집 온 여인들을 심심찮게 만날 수 있다. 마흔, 쉰이 되도록 미혼으로 혼자 사는 농촌 총각도 더러 만날 수 있다. 우리나라 농촌 문제는 이웃나라 농촌에까지 연쇄반응으로 똑같은 문제를 불러일으키고 있다.

나는 이런 농촌 현실에, 묵묵히 땅을 지키는 믿음직한 젊은 농사꾼 부부를 찾아 나섰다. 수소문 끝에 두어 차례 안면이 있는 횡성군농민회 사무국장 윤종상 씨(34) 댁을 두드렸다.

고향 땅을 지키는 사람

그의 집은 횡성군 갑천면 포동마을로, 횡성 댐에서 그리 멀지 않는 한적한 마을이었다. 조상 대대로 살던 집을 지난 봄

친환경농업정착기술시범

1. 시 범 농 가 : 윤종상외9농가(342-9051)
2. 사 업 량 : 5.2ha
3. 시 범 요 인
   - 토양정밀검정에 의한 토양개량 및 시비관리
     (제오라이트400kg/10a, 단한번복합비료60kg/10a)
   - 자연, 생태농법 활용 : 우렁이5kg, 쌀겨200kg/10a
   - 농약, 화학비료 절감 저투입 재배기술 정착

횡성군농업기술센터 (T.340-2558)

친환경농업정착기술시범단지 팻말

에 새로 지었다는데 아직도 페인트 냄새가 날 정도로 산뜻했다.

그는 이 마을에서 태어나서 갑천초등학교와 갑천중학교를 마치고 원주에서 고등학교를 졸업했다. 서울에서 대학을 졸업하고 군 복무 뒤 서울에서 직장생활을 하다가 1999년, 고향으로 돌아와서 살고 있다.

그는 올해 일흔이신 어머니 김옥례 씨의 6형제 가운데 막내둥이로서, 같은 대학 커플인 아내 신용한 씨(34) 그리고 아들 희망(5), 딸 해언(4)이를 둔 가장이다. 아버님까지 모셨지만 이태 전에 돌아가셨다고 했다.

내가 탐방한다고 일부러 자리를 피해 마실 가신 할머니를 뵙고자 윤종상 씨와 함께 이웃 마을에 혼자 사는 할머니 댁으로 찾아갔다. 요즘 가을걷이가 끝났기에 시골집 안방에는 같은 또래의 할머니들이 모여 점심도 해 잡수시고, 때로는 화투장도 만지면서 소일한다고 했다.

"결혼하여 서울에서 살던 막내아들이 고향으로 내려온다고 하기에 고맙기도 했지만, 고생할 게 뻔한 것 같아서 몹시 가슴 아팠어요. 농사도 남다른 농사(친환경 유기농)를 지으면서 풀 더미 속에 사는 걸 보면서 안타깝기도 하고 남 보기 남세스럽기도 해요."

하지만 당신은 남달리 며느리 밥 얻어먹고, 손자 손녀 재롱보는 재미를 누리기에 흐뭇한 표정이었다. 마침 윤종상 씨가 농사짓는 들판에는 추수가 끝나 텅 비어 있었지만, '친환경농업 정착기술 시범단지'임을 알리는 팻말이 서 있는 들길에서 두 모자는 다정히 포즈를 취해 줬다.

그에게 올 농가 수입을 물었다. 그는 그냥 웃기만 하면서 좀처럼 입을 떼지 않았다. 내가 쓰는 글은 전국의 독자뿐 아니라 세계 곳곳에 흩어진 동포, 그리고 각계각층에서 보기에 정확하게 얘기해 줘야 보는 분들이 우리 농촌을 바로 알 것이라고 거듭 채근하자 그제야 무겁던 입을 열었다.

"올 농사는 논 4천 5백 평에 밭농사 6백 평을 지었습니다. 논농사 추수를 하고보니 1천 2백 만 원의 수입을 올렸는데, 도지와 영농비로 절반 정도 썼기에 순수입은 6백 만 원 정도 밖에 되지 않았습니다. 매월 50만 원 정도의 수입이었습니다. 밭농사는 집안 식구들 먹을거리와 어머니 용돈 정도였어요. 그 수입으로는 도저히 살 수가 없어서 횡성여성농업인센터의 공부방 아이들 통학차량 기사도 하고 있어요. 젊은이들이 시골을 떠나는 가장 큰 이유는 농사를 지어서 먹고 살 수가 없기 때문입니다."

지금 시골에서 좀처럼 볼 수 없는 삼대가 사는 모습

두레와 품앗이와 같은 협동조직체를 되살려야

할머니는 내게 넌지시 서울에서 대학교 다닐 때는 데모를 많이 해서 무척 속을 썩였다고 귓속말을 하셨다. 그는 89학번으로, 1998년에 결혼한 뒤 이듬해 아내와 함께 고향으로 내려왔다. 도시에서 태어나서 자란 부인 신용한 씨에게 그때의 심경이 어땠느냐고 물었다.

"농촌을 잘 몰랐기에 왔나 봐요. 이곳에 내려와 보니까 이곳 마을 아가씨들은 절대로 농촌으로 시집 안 간다면서 모두 도시로 가더군요."

그리고는 티 없이 웃었다.

"사는 데 불편한 점도 있지만 재미도 있고, 우선 조용해서 좋아요. 처음에는 말벗도 없어서 따분했지만, 아이들이 태어나고부터는 애들과 지내느라 그런 생각도 사라지더라구요."

아이들을 좀더 키운 뒤에 농촌활동에 이바지하겠다는 속내를 비쳤다.

윤종상 씨는 "이제 피폐해진 농촌이 사는 길은 친환경 유기농법과 농민들이 도시민들로부터 신뢰감을 얻는 것뿐"이라고 했다. 그래서 그 자신이 솔선수범으로 어려운 친환경 농사를 짓고 있었다.

그가 하는 논농사는 유기질 비료와 볏짚 거름, 그리고 우렁이로 제초를 하는 친환경 농법이다. 일반 농사보다 품이 많이 들고 소출은 3분의 2 정도밖에 되지 않는다. 그는 당신 농산물을 알아주는 이에게만 직접 판매하기에 다른 농가들처럼 수매해서 목돈도 만들 수 없다고 한다.

하지만 그는 고집스럽게 집에다가 정미 시설까지 갖추고 직접 도정해서 소비자에게 택배로 보내주고 있다. 그래도 요즘은 그의 정직이 입소문으로 알려져서 당신이 생산한 것은 어떻게든 다 팔려나간다고 했다.

그는 WTO(세계무역기구)를 막아내야만 농촌이 다시 살아날 수 있다면서 쌀은 우리에게 국가안보요, 주권이자 농민들의 생존권 문제일 뿐 아니라, 우리 민족의 주권문제라고 힘주어 말했다.

오늘날 허물어져 가는 농촌을 다시 살릴 수 있는 대안을 묻자, 그는 다음과 같이 말했다.

"지난날 우리 농촌에 '두레'와 '품앗이'와 같은 협동조직체를 현대화해야 합니다. 그리고 농민 스스로 올바른 농사를 지어야 하고 소비자로부터 신뢰를 쌓아야 합니다. 그리고 정부에서도 '언 발에 오줌 누기'식의 미봉책이 아닌, 근원적으로 농촌을 살리는 애정 어린 농정을 펴야 합니다. 지금처럼 농촌이 쓰러지고 도시만 산다면 머잖아 온 나라에 돌이킬 수 없는 재앙이 옵니다. 그때는 치유할 수 없습니다."

인생은 가치관을 어디에 두느냐가 문제

그는 벼농사만으로는 도저히 타산을 맞출 수 없어서 집 뒤꼍에 닭 집(계사)을 지어 토종닭을 기르고, 유정란을 생산해서 생협에 공급할 거라며 막 터를 닦는 중이었다. 뒷산에다 울타리를 쳐서 닭들을 방사할 거라고 했다.

"참 다행한 일은 사람들이 차츰 환경의 소중함을 깨닫고 유기농산물에 관심을 기울인다는 점입니다. 계란만 하더라도 유정란을 더 찾고 있어요. 사실 자연보다 더 좋은 게 없지요."

지금은 아이들이 어려서 시골에 정착할 수 있지만 교육문제로 다시 도시로 나갈 생각은 없냐고 물었다. 이들 부부는 그럴 생각이 전혀 없다면서 아이들도 모두 시골학교에 보내겠다고 했다.

시골학교에 아이들이 워낙 없어서 또래 문제도 없지 않지만 시골학교가 도시학교보다 좋은 점이 더 많을 거라고 했다. 우선 아이들을 친환경적으로 자라게 할 수 있고, 도시의 과밀학급이나 경쟁적인 삶에서 초연하게 기를 수 있어서 좋은데, 시골에 바른 생각을 가지신 좋은 선생님들이 오기를 바란다고 했다.

이들 부부에게 정말로 시골에 온 것을 후회하지 않느냐고 물었다.

"인생은 가치관을 어디에 두느냐가 문제이지요. 조금도 후회하지 않아요. 아름다운 환경에서 사는 게 좋고, 먹을거리를 손수 길러 먹어서 좋고, 에너지를 적게 써서 좋아요."

부부는 한목소리로 대답했다. 그새 시래기 국을 끓여뒀다고 굳이 점심을 들고 가라고 내 소매를 붙잡았다. 나는 고향 냄새가 물씬한 시래기 국에 계란 부침개로 밥 한 그릇을 비우

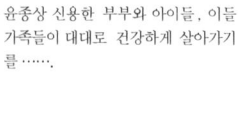
윤종상 신용한 부부와 아이들. 이들 가족들이 대대로 건강하게 살아가기를……

한 폭의 그림처럼 아름다운 횡성댐

고 일어섰다. 돌아오면서 횡성 댐 전망대에서 잠시 머물고는 집으로 돌아왔다.

그를 만나 기분 좋은 하루였다.

(2004/11/28)

파묻힌 역사의 진실이 마침내 햇빛을 보다

'왕산로'의 유래

교통방송을 들으면 하루에도 몇 차례에 걸쳐 방송진행자로부터 '왕산로'의 교통흐름 정보를 들을 수 있다. 왕산로는 서울 동대문에서 청량리에 이르는 간선도로를 말하는데, 널리 알려지고 매우 귀에 익은 도로이름이다. 하지만 왕산로의 정확한 유래를 아는 이는 드물다. 필자도 전혀 몰랐다.

1999년 여름, 항일유적 답사로 하얼빈에 갔다가 거기에 있는 동북열사기념관에서 위대한 독립전사 동북항일연군 제3로군 총참모장 허형식 장군을 만났다. 그분이 왕산 허위 선생의 당질로, 내 고향 구미 임은동 출신인데도 나는 그때까지 모르고 있었다는 사실에 큰 자괴감이 들었다. 아울러 현대에 와서도 충절의 고장 선산 구미 땅에 그 정신이 면면이 이어지고 있었음에 매우 뿌듯함을 느꼈다.

답사에서 돌아온 뒤, 문헌을 통해 왕산 일가의 항일투쟁에 매료되어 생가 현장을 찾았다. 하지만 생가는 흔적도 없이 사라지고 쓰레기장이 되다시피 방치된 데 분노한 나머지 이런 사실을 월간《독립기념관》,《오마이뉴스》그리고 필자가 쓴 책에다

서울 망우리에 있는 '13도창의군탑'

실어 널리 알렸다. 또 김관용 구미시장에게 왕산 생가 복원을 촉구하는 건의서를 보내, 구미시장으로부터 긍정적인 답변을 받아낸 적도 있었다.

이런 가운데 지난달 말(11월 30일), 구미 임은 허씨 왕산 집안에서 유일하게 고향을 지키며 왕산 유업 계승사업에 정성을 쏟고 있는 허호 씨(62, 전 구미 시의원)로부터 구미시에서 왕산 기념사업 추진계획이 완성되어 곧 착공한다는 소식을 전해듣고 반가운 마음에 다음날 곧장 달려갔다.

> 앉아서 (나라가) 망하기를 기다리느니보다 온갖 힘을 다하고 마음을 합하여 빨리 계책을 세우자. 진군하여 이기면 원수를 보복하고 국토를 지키며, 불행히 죽으면 같이 죽자. 의(義)와 창(槍)이 분발되어 곧 나아가니 저들의 강제와 오만은 꺾일 것이다. …… 비밀히 도내 각 동지들에게 빨리 통고하여 옷을 찢어 깃발을 만들고, 호미와 갈고리를 부셔 칼을 만들고 …… 우리들은 의군을 규합하여 순리를 좇게 되니 하늘이 도울 것이다.
>
> — 〈배일통문〉 가운데서 —

왕산(旺山) 허위(許蔿) 선생은 1854년 경북 선산 구미 임은동에서 대대로 유학을 숭상하던 집안에서 태어났다. 어려서부터 성리학을 수학한 유학자로, 충효사상과 위정척사사상에 뿌리를 둔 애국애족의 민족정신을 지녔다.

1895년 일제가 명성황후를 시해하자 선생은 1896년 경북 김천에서 의병을 일으켰다. 그리하여 의병진을 조직하여 김천 일대에서 활동하다가 충북 진천까지 진격하는 등 항일 무장투쟁을 펼쳤다.

왕산의 당질로 동북항일연군 제3로
군 총참모장 허형식 장군

고종황제의 후의로 성균관박사, 중추원의관, 평리원서리재판장(현 대법원장)을 역임하면서 불의와 권세에 타협하지 않고, 공정하고도 신속하게 사무를 처리하여 칭송이 자자했다.

1905년 을사조약과 1907년 정미 7조약이 강제 체결되어 나라가 위기에 빠지자, 선생은 1907년 경기 북부지역을 근거로 다시 의병을 일으켰다.

특히 선생은 1907년 11월, 전국 의병 연합체인 13도 창의군의 편성을 주도하고 군사장으로 그해 말부터 서울 탈환작전을 펴 동대문 밖 30리까지 진격하는 성과를 거두었다.

하지만 최신 무기로 무장한 일본군과 접전을 벌이던 가운데, 화력의 열세로 결국 패하고 말았다. 그뒤 선생은 임진강과 한탄강 유역을 무대로 독자적인 항일전을 펼치다가, 1908년 6월 11일에 일본군에 체포되었다. 선생은 일제의 갖은 회유도 다 뿌리치고 1908년 9월 27일(양력 10월 21일) 서대문 감옥이 생긴 이래 처음으로 교수형으로 순국하셨다.

그뒤 왕산 일가는 일제의 헌병과 밀정 등살에 견딜 수 없어서 만주로 망명하여 온 집안과 일족이 항일의 가시밭길을 걸으면서 숱한 항일 전사를 낳았다. 하지만 그 후손은 아직도 귀국하지 못하고 중국, 러시아, 북한, 미국 등 사방으로 뿔뿔이 흩어져 살고 있는데, 말 그대로 온 집안이 풍비박산이 되었다.

충절의 고장에 걸맞은 왕산 기념사업

12월 1일 필자가 구미 임은동에 이르자 왕산 문중의 허호 씨, 김교승 구미문화원장, 강동선 구미시관광문화재담당계장이 반갑게 맞았다.

이날은 왕산 허위 선생 기념사업추진계획서가 확정되어 왕산기념공원과 왕산기념관 부지를 선정하기 위해 현장 답사를 하는 날이었다. 필자도 이들과 동행해서 두 곳을 모두 둘러 보았다.

이들의 설명에 따르면, 6백여 평에 이르는 왕산 생가 터는 왕산 손자 허경선 씨가 구미시에 기부체납하여 그곳에다가 왕산기념공원을 만들고, 생가 건너편 양지 바른 곳에 문중에서 부지 2~3천 평을 마련하여 그곳에다가 왕산기념관을 세운다는 복안이었다. 1단계 예산 5백만 원은 구미시 예산으로 추진하고 있으며 2, 3단계 예산은 10억 원 정도로 추후 확보한다는 것이다.

이날 허호 씨는 구미시에서도 구미공단을 지나는 도로를 '왕산로'로 이름붙였다고 했으며, 강동석 계장이 김관용 구미시장의 말을 전하기를, "때늦은 감은 있지만 충절의 고장에 걸맞게 왕산 기념사업을 추진 중"이라면서, "물질과 정신이 함께 발전하는 시정을 펴나가도록 노력하겠다"고 말했다.

내년 광복 60주년을 앞두고 내 고향 구미 땅에도 숨겨지고 파묻힌 역사의 진실이 뒤늦게 햇빛을 보는 것 같아서 자못 흐뭇했다.

널리 알려져 있듯이 예로부터 선산 구미는 영남학파의 비조(鼻祖) 야은 길재(吉再) 선생을 비롯하여 사육신의 하위지, 생육신 이맹전, 그리고 김숙자와 김종직 등과 같은 충절과 학문의 선비들이 나신 곳으로, 이 고

왕산 기념관 부지 선정을 위해 현장 확인을 하는 실무진(왼쪽부터 허호 전 구미시의원, 강동선 구미시문화재 담당계장, 김교승 구미문화원장)

왕산선생 생가 터로 옛 흔적이라고는 대나무만 남아 있다. 곧 이곳에 '왕산공원'이 조성될 예정이다.

장사람들은 대단한 긍지와 자랑으로 여겨 왔다.

현대사에 와서는 정신보다 물질을 숭상하는 세태로 충절과 학문의 고장이 산업화에 밀려 정신문화가 빛을 잃어버린 터에, 김관용 구미시장과 김교승 구미문화원장, 허경선 허호 왕산 유족들의 노고로 파묻힌 옛 것을 복원한다니 그 정성에 감사와 경의를 드리며, 아무쪼록 왕산기념사업이 무사히 잘 되기를 바란다.

"고매한 정신문화는 없고 물질만 발달하면 그 사회는 곧 퇴폐에 빠지고 마침내 허물어진다"는 말을 고향 출신의 한 문사가 외람되게 고향사람들에게 남긴다.

(2004/12/5)

금오산, 선산 구미 사람들은 이 산이 인재의 요람이라고 말한다

처갓집 말뚝 보고 절하는 신랑

웃음꽃이 핀 혼인 예식장

내가 안흥 산골에 내려온 지 아직 1년이 안 되지만, 아내는 이곳과 인연을 맺은 지 몇 해가 된다. 주로 농민회 사람들과 연을 맺고 있다.

지난 일요일 아내가 횡성 녹색농원 댁 따님 결혼식에 청첩을 받아 간다고 하기에 나도 따라 나섰다. 어쨌든 우리 내외는 '굴러온 돌'이다. '박힌 돌'을 뺄 생각은 전혀 없지만 이웃과 담을 쌓거나 거리를 두며 살고 싶지는 않다. 사람이 귀한 동네에 살면서 그나마 있는 사람과도 서먹하게 지낸다면 외로워서 견디기가 힘들다.

혼인예식은 횡성읍내 한 예식장에서 가졌는데 예식장 이름이 '향교 웨딩 홀'이었다. '향교 예식장'이라고 하지 않고 '향교 웨딩 홀'이라고 이름을 붙인 게 눈에 거슬렸다. 상품이나 가게 이름에 굳이 외래어를 써야 더 고급스럽거나 품위가 있는 걸까? 더욱이 향교라면 가장 전통적인 느낌을 주는 말이 아닌가.

시골에 혼인잔치가 드물고, 농번기를 피한 탓인지 예식장에는 많은 하객들로 붐볐다. 혼인 예식을 시작하자 신랑이 코미디언처럼 실수를 연발해서 예식장 분위기가 화기애애했다.

신부가 깊은 산속의 금강초롱처럼 예뻤다.

주례자도 여러 번 주례를 섰지만 오늘처럼 웃음꽃이 활짝 핀 혼인 예식은 없었다고 덕담을 했다.

신부가 아주 예쁘고 건강미가 넘쳤다. 요즘 농촌총각은 장가가기 힘든데 아리따운 신부와 백년가약을 맺게 되었으니 아마도 신랑으로서는 생에 최대의 기쁜 날이 될 터였다.

예식장에서 신랑 신부의 자그마한 실수는 오히려 하객을 즐겁게 한다. 신랑 신부가 아주 노숙하게 행동하면 오히려 하객들이 우스개 소리로 "처음 해 본 솜씨 같지 않다"고 쑥덕거리기도 한다.

'우리 사위 최고'

신랑의 눈길은 잠시도 신부를 떠나지 않았다. 두 사람 모두 행복한 표정이었다. 몇 번 자그마한 실수는 있었지만 혼인 예식이 무사히 끝났다. 그런데 전혀 예상하지 못한 신랑의 돌출 행동이 일어났다. 신랑 신부 두 사람이 양가 부모에게 드리는 인사에 이어 하객에게 큰 절을 드린 뒤였다.

신랑이 장모에게 다가가 장모를 업어주겠다고 어깨를 덥

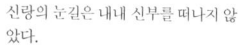

신랑의 눈길은 내내 신부를 떠나지 않았다.

신랑이 너무 좋은 나머지 장모를 업고 예식장을 한바퀴 돌고 있다

석 내밀었다. "아내가 예쁘면 처갓집 말뚝 보고 절을 한다"는 속담도 있지만 신랑이 신부에게 얼마나 감격했으면 그랬을까 싶었다.

장모는 뜻밖의 제의에 부끄러워서 얼굴을 가리고 사양했지만, 하객들이 사위에게 업히라고 자꾸 종용하자 그제서야 장모가 마지못해 업혔다.

장모의 체중이 보통이 넘는지라 신랑이 업다가 그만 넘어졌다. 하객들이 웃음소리로 장내가 시끌벅적 했다. 신랑은 안간힘을 다해 다시 장모를 업고 땀을 뻘뻘 흘리면서 예식장을 한바퀴 돌았다. 다음으로 자기 어머니를 업고 예식장을 한 바퀴 돌았다.

"야, 신랑이 낮에 너무 힘을 빼서 오늘 첫날 밤 치레 잘 할지 모르겠다!"

객석 여기저기서 농담이 쏟아지고 박수가 터져나왔다.

정말 오랜만에 보는 즐거운 잔치 풍경이었다. 피로연의 음식도 정성이 깃들어서 좋았다. 평생 처음 사위에게 업힌 장모는 기분이 좋은지 하객에게 연신 술잔을 따랐다.

신랑도 신부도 늘 오늘처럼 행복하게 살았으면 좋겠다. 20년 넘게 곱게 기른 딸을 농촌으로 시집보낸 녹색농원 내외분도 두고두고 사위 잘 봤다고 "우리 사위 최고"라고 여기며 건강하게 살아가기를 기원하면서 집으로 돌아왔다.

(2004/12/6)

■ 쉰여덟 번째 편지 ‖ 대동회 날

잔치 잔치 열렸네, 동네잔치 열렸네

대동회 날

오늘(12월 11일)은 음력으로 10월 말일이다. 해마다 이 날이면 내가 사는 마을, 강원도 횡성군 안흥면 안흥4리에서는 '대동회' 마을잔치가 열린다고 한다.

벌써 며칠 전부터 마을 이장님이 마을회관 스피커로 오늘 이 마을 대동회 날이라고 꼭 참석해 달라는 통지를 여러 번 했다. 오늘도 이른 아침부터 대동회 모임이 오전 10시에 있다고 방송하였다.

우리 내외가 이 마을에 내려온 뒤 몇몇 분과는 인사를 나누고 지나가는 마을 사람들에게 부지런히 인사했지만 대동회

안흥4리 마을회관에서 대동회 총회가 열리고 있다

안흥4리 마을회관

모임에서는 인사를 드린 적이 없었다. 그래서 이날 정식으로 대동회 회원으로 가입도 하고 인사를 드리기로 오래 전부터 기다려온 터였다.

오전 9시 40분쯤 아내와 같이 집에서 5백 미터 떨어진 마을회관으로 갔다. 이장님과 부녀회원들이 손님 맞이 준비로 분주했다.

아내는 부엌으로 가서 거들고, 나는 회계를 맡은 분에게 신입회비 3만 원과 연회비 3만 원을 낸 다음 동네 어른들에게 일일이 인사를 올렸다.

안흥4리 대동회는 1930년에 창립한, 70여 돌이나 되는 전통 깊은 마을 계로서 자조 · 자립 · 협동 정신을 고취하며, 회원 상호간의 친목 도모와 경조사에 상부상조함을 목적으로 하는 마을 최대의 자치회다.

안흥4리는 모두 42가구라는데 10시가 조금 넘자 서른 분이 조금 넘게 참석하여 대동회 총회가 시작되었다. 마을 이장 정희영 씨(63)가 나와서 지난 1년 동안의 회고와 아울러, 수입 · 지출 결산 보고가 있었다.

부녀회원들이 잔치 음식 준비를 하고 있다

전년도 이월금까지 합한 수입 총액은 1천54만여 원에 금년도 지출이 77만여 원, 잔액이 9백77만여 원으로 재정이 건실한 편이었다.

이어 실미경로당 노인회장 황규언 어른의 결산 보고가 있었고, 이어 전년도 이장이 3년 연임하였다면서 한

해 더 연임해 달라는 동민들의 재청에도 완곡하게 사임하여 새 이장 선출이 있었다.

무기명 비밀 투표 결과 새마을지도자로 수고하신 전연철 씨(55)가 새 이장으로 뽑혔다. 물러나는 사람도 새로 뽑힌 사람도 모두 서로 사양하는 미덕을 보이면서 시종 웃는 낯으로, 마을사람도 모두 흥겨운 축제 분위기로 만들어 가는 모습이 보기에 좋았다.

신임 전연철 이장(왼쪽), 전임 정희영 이장(오른쪽)의 보고 말씀

오늘 대동회가 열린다는 소식을 듣고서 이창진 안흥면장과 함종국 횡성군의원이 격려 차 참석해 이 모든 진행과정을 지켜보면서 축하를 아끼지 않았다.

이만하면 우리의 풀뿌리 민주주의도 꽤 발달하였다. 어디에도 손색이 없을 듯하다. 한 시간 정도 진행된 대동회 총회가 끝나자, 오찬을 겸한 조촐한 마을잔치가 벌어졌다. 술과 떡 그리고 과일 등 모두가 푸짐하다. 요즘은 어딜 가나 잔치음식은 남아돈다. 바깥에서는 숯불에 즉석 돼지고기 삼겹살을 굽고 있었다. 한 점 맛보자 그 맛이 아주 기가 막혔다.

로마에 가면 로마법을 따라야

많은 도시인이 귀향이나 귀농을 해서 빚게 되는 가장 큰 갈등은 마을사람들과의 융화 문제에서 비롯된다. 경우에 따라 저마다 다르겠지만, 대체로 귀향이나 귀농하는 도시인의 자세에 문제가 있는 경우가 많다.

로마에 가면 로마법을 따라야 하듯, 일단 시골에 가면 그 마을에 오래 사신 사람들을 대접해 드리고, 그 마을의 관습을

대동회 총회 뒤 마을 잔치

존중하려고 애쓴다면 시골사람들이 귀농자(귀향자)를 반겨줄 것이다.

그런데 시골에 내려와서 도시 티를 내면서 시골사람을 경멸하거나 업신여긴다면 시골사람들도 귀농자를 꺼릴 것이다.

영구차 기사들의 이야기를 들어보면 도시에서 돌아가신 사람의 시신을 고향 선산에 쓰고자 모시고 가면, 이따금 고향사람들이 가로막거나, 아무도 나와서 보지 않는 경우가 있다.

고향사람들의 이야기는, 고인이 살아생전에는 코빼기도 안 보이거나 시골 사람을 업신여기는 등 갖은 거만을 떨다가 뒤늦게 시신으로 오는데 누가 반기겠느냐는 것이다.

사실 따지고 보면 본디 도시사람 시골사람이 따로 있은 게 아니다. 도시사람도 조상을 따지면 거의 다 시골사람이다.

그런데도 도시사람, 시골사람으로 나누는 것도 잘못이고, 도시에서 조금 오래 살았다고, 학력이 조금 더 높다고, 학벌이 좀더 좋다고 시골사람을 업신여기거나 교만한 마음을 갖는이는 정말 '꼴불견'이 아닐 수 없다.

원로 여성 잔칫상

'신토불이(身土不二)'라는 말에 모두 공감하고 받들 듯이, 이제는 도시도 농촌도 다 같다는 '도농불이(都農不二)'에 공감하면서 도시와 시골이 다함께 잘 사는 나라로 만들고 가꾸어야 나라의 근본이 튼튼해진다.

(2004/12/11)

농사꾼 얼굴에 미소가 가득할 날은 언제일까

썰렁한 안흥 장날

신간 준비로 며칠 좀 무리를 했더니 어깨가 몹시 아프다. 이럴 때는 목욕이 가장 좋다. 마침 안흥 장날(3, 8일장)이라서 목욕 겸 장 구경에 나섰다.

목욕을 마치고 장터를 한 바퀴 돌았다. 안흥 장을 보면 꼭 김빠진 맥주 같다. 지난날에는 장이 무척 컸다고 하지만 지금은 장꾼보다 장사꾼이 더 많은 듯하다. 이 고장 장터를 옮겨 다니는 장돌뱅이들의 얘기로는 안흥 장은 그냥 하루 쉬는 기분으로 온다고 한다.

허생원이나 조선달 후예는 한나절도 안돼 물건 파는 일보다 '가다서다 놀이'에 더 정신을 팔고 있다. 이곳에 내려온 뒤로 여러 번 가 보았지만 가는 날마다 그 놀이에 여념이 없었다.

아무리 손님이 없기로서니 장날마다 물건 파는 일보다 놀이에 더 정신을 팔아서야 어디 장이 번성하겠는가. 차라리 하루 쉬려면 당신들 집

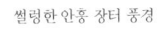
썰렁한 안흥 장터 풍경

농협 농산물 집하장에서 팥 수매가 한창이다. 안흥찐빵은 이 지방에서 재배한 팥으로 만들기에 더 담박한 맛이 있다

에서 낮잠이나 자는 게 낫지 않을까. 지나가는 아이들이 장사는 저렇게 해도 되는가 보다고 배울까 걱정스럽다. 무슨 무슨 마트며 홈쇼핑에 손님을 빼앗겨 그나마 장꾼마저 줄어드는 마당에, 좋은 물건을 싼값에 친절하게 팔아도 시원찮을 판인데, 물건 파는 일은 팽개치고 딴 짓거리나 하고서야 어찌 장이 살아날까.

놀이 장면을 카메라에 담으려다가 못 본 척 하고서 돌아오는데, 마침 농협 집하장에서 팥 수매가 있다고 해서 들렀다.

벌써 공판장 마당에는 각 마을에서 농사꾼들이 가지고 온 팥 자루로 가득했다. 안흥찐빵협회장 김인기 씨(46)의 말에 따르면, 안흥찐빵이 다른 찐빵보다 맛이 더 좋은 건 여러 이유들이 있겠지만, 뭐니 뭐니 해도 이 지방의 좋은 팥 때문이라는 거다.

이날은 축제날로 모두 즐거운 표정들이었다. 한쪽에서는 돼지머리고기를 구워 안주 삼아 소주잔을 돌리고, 다른 한쪽에서는 팥 수매로 분주했다.

전종갑(56) 안흥농협조합장은 안흥찐빵협회와 농민들을

위해서 올해부터 팥을 계약재배하였다면서 이는 양쪽 모두에게 좋고, 안흥찐빵의 품질을 지속적으로 높이는 지름길이라고 했다.

올해는 팥 한 자루(40kg)에 13만 5천 원에 수매를 받고 있는데, 여기다가 군과 조합에서 비료, 농약, 부대를 무상 지원하였기에 농가 실제 수매가는 16만 5천 원 정도나 된다고 했다.

전종갑 안흥농협조합장

또 김인기 씨는, 안흥찐빵협회에서 1년 동안 쓸 양은 약 5천 부대인데, 이날 계약 재배 수매량은 1천 5백 부대로, 총 소요량의 약 3분의 1 정도라고 했다. 찐빵협회 회원들과 농사꾼의 여론을 들어보아서 이 제도가 서로에게 다 좋다면, 내년에는 다른 지역에까지 더 늘릴 계획이라고 했다.

곁에 있던 이창진 안흥면장도 올해 계약재배에 참여한 농민들은 크게 이익을 봤다면서, 시장에서는 한 자루에 10만 원에서 12만 원 사이라고 했다.

김인기 안흥찐빵협회장

적정 이윤을 보장해 주는 계약재배

막 수매를 끝낸 우리 동네에 사는 노진범 씨(56)가 반갑게 인사를 했다. 얼굴에는 미소가 가득했다. 당신은 올 여름 1천 7백 평 밭에다가 배추농사를 지은 뒤, 곧장 팥농사를 하여 오늘 수매하였는데, 모두 27자루로 4백만 원 조금 모자란 목돈을 쥐었다면서, 계약 재배는 적정 이윤을 보장해 주기에 농사꾼이 안심하고 농사지을 수 있는 좋은 제도라고 했다.

안흥에서 생산된 팥으로 찐빵에는 없어서는 안 될 팥소의 재료다

요즘 시골 들판을 지나다 보면 아직도 배추

농사꾼 얼굴에 미소가 가득할 날은 언제일까 | 283

목돈을 거머쥐고 미소짓는 노진범 씨

가 그대로 밭에 있거나 아니면 트랙터로 애써 가꾼 배추를 갈아엎고 있다. 이만저만 국력의 낭비가 아닐 수 없다. 무척 속상한 일이다. 농사꾼들의 말을 들어보면 요즘 농사도 투기가 되었다고 푸념을 한다.

가뭄에, 장마에, 태풍에, 병충해에 애간장을 다 태우면서 길러 놓아도, 전국적으로 풍년이라면 운임도 안 돼 출하를 포기하고, 그 밭을 갈아엎을 때는 억장이 무너진다고 했다.

다른 지방에 가뭄이나 수해로 흉년이 들고 내 고장에 풍년이 들어야 제 값을 받을 수 있으니, 그런 심보를 지닌 자신이 고약하다면서 농사꾼들이 마음 놓고 농사지을 농정 하나 못 펴는 정부나 농업 관계자들이 야속하다고 원망했다.

21세기 최첨단 시대를 살고 있다면서 좁은 국토에서 생산되는 농산물조차 사전 조정을 못하여 농민들이 애써 가꾼 농작물을 트랙터로 갈아엎게 하는 농정은 있으나마나 하다고 흥분했다.

이만한 정도도 통제하지 못한 지도력이라면 무능한 정부요, 농정 관계자들은 나라의 녹을 먹을 자격도 없다. 위만 쳐다보지 말고, 정치권에만 눈길을 주지 말고, 오로지 농민을 바라보며 그들에게 웃음을 주는 농정을 펼 때 참다운 목민관이 될 수 있다.

장사꾼도 농사꾼도 목민관도 모두 변해야 일류 국가가 될 수 있다.

(2004/12/14)

댓글로 만난 어느 독자에게 띄우는 글

러브레터를 받은 설레는 마음

행복한 전도사님께

성탄일이 가까운 겨울밤입니다. 문득 돌아가신 아버님과 서울에 있는 아이들이 보고 싶습니다. 혈육간의 근원적인 사랑을 노래한 김종길 님의 〈성탄제〉를 흥얼거려봅니다.

> 어두운 방 안엔
> 바알간 숯불이 피고,
>
> 외로이 늙으신 할머니가
> 애처로이 잦아드는 어린 목숨을 지키고 계시었다.
>
> 이윽고 눈 속을
> 아버지가 약을 가지고 돌아오시었다.
>
> 아, 아버지가 눈을 헤치고 따 오신
> 그 붉은 산수유 열매―.

> 나는 한 마리 어린 짐승,
> 젊은 아버지의 서느런 옷자락에
> 열로 상기한 볼을 말없이 부비는 것이었다.
>
> 이따금 뒷문을 눈이 치고 있었다.
> 그날 밤이 어쩌면 성탄제의 밤이었을지도 모른다.
>
> ……
> ……

아직 성탄제 날까지는 닷새나 남았지만 올 겨울은 이상 고온 현상으로 화이트 크리스마스를 기대하기는 어려울 것 같습니다.

답장이 늦어 죄송합니다. 굳이 변명을 하자면 전도사님이 지금 제가 살고 있는 강원도 횡성 안흥으로 보내지 않고, 서울 제 집으로 우송했기에 늦었습니다. 지난 월말에야 오랜만에 아이들이 내려오면서 그동안 서울 집에 쌓인 우편물을 가지고 왔는데, 그 속에 전도사님이 우체국 택배로 보내신 것도 있었습니다. 그리고 제가 어깨 통증으로, 신간 준비로, 한 방송국과 광복 60주년 특집 다큐멘터리 제작 일로 조금 바빴습니다.

행복한 전도사님이 베이징에서 구한 귀한 차에다가 샛노란 편지지에 담아 보낸 편지를, 마치 사춘기 시절에 좋아했던 연인이 보내준 러브레터처럼 설레는 마음으로 읽었습니다. 보내주신 그윽한 차는 요즘 잘 마시고 있습니다.

빛과 소금이 되소서

제가 글을 쓴 뒤로 여러분에게 많은 편지를 받았습니다. 그 편지들은 저에게 용기와 힘을 주었습니다. 제가 오늘까지 글을 쓸 수 있었던 견인차였습니다.

지난 8월 28일 《오마이뉴스》에 실린 '하느님! 감사합니다' 기사에 올린 행복한 전도사님의 댓글은 저에게 더욱 진솔한 글을 쓰라는 계시와도 같았습니다.

그리고 누군가는 나의 삶을, 말을, 행동을 죄다 보고 있다는 것도 알았습니다. 사람이 아니면 하늘이라도 내려다보겠지요.

안녕하세요! 조회수:158 , 추천:3, 반대:0
행복한 전도사(umax11) 2004/08/29 오후 8:18:21

1989년, 꿈 많은 문학 소년이었던 고등학교 1학년 때, 선생님이 쓰신 《비어 있는 자리》란 에세이집은 여러모로 제게 적잖은 감동을 주었던 기억이 있습니다.

그리고 책 내용 가운데 당시 존경하던 저희 학교(우신고등학교) 교장선생님이셨던 우정 나동성 선생님에 대한 글을 읽고, 반갑고도 뿌듯했던 마음에 책을 쓰신 저자께 소년적인 호감(?)이 들어, 편지라도 쓸까하는 마음에 설렜던 기억도 있습니다.

우연히 선생님의 기사를 보고, 기사 밑의 약력에 교편을 잡으셨다는 소개를 보고 지금도 제 책장에 자리 잡고 있는 그 책의 저자일 것 같다는 확신에 반가움 앞세워 이렇게 무턱대고 인사 글을 씁니다. 이제 교단에서 떠나셨다지만, 세

> 상에서 선생님의 글과 삶으로 더 큰 교육의 길을 가실 줄 믿습니다.
> 책의 첫 장을 열면 나오는 선생님 사진 속의 모습도, 이젠 15년의 세월이 더하여 계시겠다 싶습니다. 부디 건강하시고, 건승하시길, 기도하겠습니다. 저도 비록 한 권의 책을 통해서이지만, 선생님에게 영향을 받은 넓은 의미의 제자입니다.
> 그럼 이만 줄이겠습니다.

행복한 전도사님은 다 알고 있겠지만, 그 책은 제 첫 작품집으로 저는 거기서 "교육자가 그 사회에서 최대의 존경을 받지 못하면 그 사회는 이미 썩은 사회이거나 아니면 썩어가는 사회다"고 말했습니다.

그리고 교사들까지도 자가용 출퇴근으로, 학생들의 학습 공간을 침범해서는 안 된다는 글을 썼다가 동료 교사들에게 거북한 소리도 들었고, 교실(학교)의 민주화가 되지 않고서는 그 나라의 민주주의가 되지 않는다는 말도 하였습니다.

그 말이 제 스스로에게 족쇄가 되어 아직도 저는 운전면허증이 없습니다. 저 자신 학교사회에 30여 년 몸담아 왔기에 그 책임에서 벗어날 수 없습니다만 우리 교육계는 자본의 논리에 너무 찌들어 있습니다.

한 예를 들면 방과후 학생들을 거의 강제로 붙잡아 두고 돈을 받는 나라는 세계 그 어디에도 없을 겁니다. 처음에는 돈 받는 것을 쭈뼛쭈뼛하더니 이제는 아주 당연시하고 학부모마저 그렇게 하는 학교를 열성 있는 학교요, 교사로 여기고 있습니다.

필자의 첫 작품집인 《비어 있는 자리》

교실의 민주화도, 학교의 민주화도 아직은 멀었습니다. 가장 큰 일은 아이들이 잘못을 저지르고도 그것이 잘못인 줄 모르며, 그 잘못에 대해 참회하지 않는다는 점입니다. 시험 때 부정을 저지르고서도 운이 나빠서 걸렸다고 여기는 게 그 한 예입니다. 누가 그들을 그렇게 만들었습니까?

그 책임은 모두 기성세대에게 있습니다. 대통령을 한 게 부끄럽다고 눈물을 질금거리는 걸 본 아이들이 그 누구를 존경하고 따르겠습니까? 그런데 기성세대는 나만은 예외라며 서로 상대방만 가리키고 있습니다. 높은 곳에 계신 분이 볼 때는 한 편의 블랙 코미디이지요.

그러나 저는 우리나라의 앞날을 낙관하고 있습니다. 사회 곳곳에 적은 수이지만 깨어있는 젊은이가 있기 때문입니다. 진리는 언젠가는 이긴다는 하늘의 말씀을 믿기 때문입니다.

오산학교를 세우신 남강 이승훈 선생이 제자들에게 교사, 목사, 변호사, 의사가 되라고 했답니다. 이 네 사람만 바르면 빼앗긴 나라도 찾을 수 있고, 또 다시 일으켜 세울 수 있다고.

어쩐지 행복한 전도사님은 훌륭한 목회자로 우리 사회에 빛과 소금이 되리라는 예감이 듭니다. '이·상·찬'이라는 이름을 잘 기억하겠습니다. 늘 낮은 곳에서 빛과 소금이 되소서…….

> …… 향이 무척이나 좋습니다. 오늘 아침에도 차를 마시다가, 찻물을 비운 찻잔에 가득히 남은 차향을 맡으면서 문득 선생님이 생각났습니다. 인생을 비워가면서 그 비운 자리에 오히려 향기를 채워 감동과 여운을 전하시는 선생님의 삶이 꼭 향기로운 찻잔의 모습 같아 보였습니다. ……

행복한 전도사님이 주신 과찬의 말씀을 저는 독약과 채찍으로 여기며, 더 진솔한 글을 쓰는 데 제 남은 삶을 바치겠습니다.

(2004/12/19)

■ 군말

한 모금 샘물로 목을 축일 수 있다면

　사람은 흙에서 태어나서 흙으로 돌아간다. 흙은 사람을 비롯한 모든 생명체의 고향이다. 흙은 곧 자연이다. 연어가 제 태어난 곳에 돌아와 산란을 하고서 죽듯이 사람도 나이가 들수록 고향인 자연을 더욱 그리워하고 여건만 되면 다시 흙으로 돌아가려고 한다.
　"풍진에 얽매이어 떨치고 못 갈지라도 / 강호일몽을 꿈꾼지 오래드니……"
　한 가객의 시조처럼 나도 언젠가 도시를 떠나 흙으로 돌아가고자 했다. 늘 생각뿐이다가 마침내 2004년 봄, 30여 년 동안 다니던 직장도 내 자의로 그만두고서 강원도 횡성군 안흥 산골마을로 내려왔다.
　이곳에 내려온 뒤 호미와 괭이로 자그마한 텃밭을 일구는 얼치기 농사꾼으로, 뒷산 다람쥐와 멧새의 노래 소리에 푹 빠진 채 한 자연인으로 살고 있다. 그러면서 틈틈이 도시에 두고 온 자식과 여러 친지들이 그리워 컴퓨터 자판을 두드렸다.
　나는 안흥 산골에서 보고 듣고 느낀 것을 거름장치 없이 편지글 형식으로 써서 내 이웃에게 띄워 보낸다. 그와 아울러 지난날의 추억과 그리운 이에 대한 이런저런 사연과 뒤늦게 깨우친 삶의 고갱이들도 차를 마시며 이야기하듯 들려주려고 한다. 이 편지 글이 삶에 지친 이들에게 한 모금의 샘물이 될 수 있다면 글쓴이로서 더 이상의 보람이 없겠다.

안흥에 내려온 뒤로 그때그때 느낀 단상들을 되도록 놓치지 않으려고 거의 일기 쓰듯이 매일 자판을 두드려 "안흥 산골에서 띄우는 편지"라는 제목으로 인터넷신문 《오마이뉴스》에 올렸다. 연재 기간 내내 네티즌 여러분의 꾸짖음과 뜨거운 성원에 힘입어 우선 60회 연재 꼭지까지 묶어서 《안흥 산골에서 띄우는 편지》를 펴낸다. 아무쪼록 이 연재가 순항하기를 천지신명께 빈다. 이 책을 깨끔하게 펴내준 지식산업사 가족 여러분에게 고마운 마음을 표하며, 이 글 속에 담긴 모든 분들에게도 심심한 감사의 말씀을 올린다.

이오덕 선생님이 생전에 나에게 주신 말씀을 여기에 옮겨 적으면서 이 글을 마무리한다.

> 사람은 모름지기 자연 속에서 자연을 따라 자연의 한 부분으로 자연스럽게 살아가는 것이 가장 좋은 삶이다. 옛날부터 동양이고 서양이고 자연보다 더 큰 스승은 없었다. 자연을 배우고 자연을 따라 살면 모든 것을 얻고 모든 것이 제대로 된다.
>
> 사람은 자연으로 돌아가야 비로소 아름답고 참된 목숨을 보전할 수 있다. 반대로 자연을 배반하고 거역하면 사람은 병들고 스스로 망한다. 자연이 없는 교육은 죽음의 교육이고, 자연을 떠난 삶은 그 자체가 죽음이다.

2005년 봄 안흥 산골에서

박 도 올림

안흥에 또 하나의 명품이 되기를*

　'안흥(安興)'은 산수가 빼어나고, 지명 그대로 편안하고 흥겨운 고장이다. 그래서 안흥은 '아름답고 살기 좋은 고장'인가 보다. 울창한 삼림 속에 마음씨 고운 사람들이 옹기종기 모여 사는 우리 고장은, 사람이 살기에 가장 알맞다는 해발 500여 미터에 자리잡고 있다. 또한 먹을거리도 매우 풍성하여, 안흥찐빵을 비롯한 더덕, 한우 등이 유명하다.

　예로부터 안흥은 평창, 대화와 더불어 이름난 장터로, 영동고속도로가 뚫리기 전에는 서울과 강릉을 잇는 중간 기착지였다. 안흥 장터 마을은 서울에서 대관령을 넘어 강릉으로 가는 수많은 길손들이 이곳에서 점심을 들고 가는 길목이었다. 그 무렵 이곳 안흥 장터의 밥집들은 하루에 쌀 한 가마 이상씩 밥을 지었다고 한다. 그러다가 영동고속도로 개통 이후 급격히 쇠락해버린 자그마한 고장이지만, 아직도 인심이 좋고 맛깔스런 음식은 그때의 명맥을 잇고 있다. 참으로 다행한 것은 최근에는 '안흥찐방'이 국민의 찐방으로 사랑받아서 우리 고장이 다시 지난날의 영화를 되찾고 있는 듯하여 반가운 마음 그지없다.

---

*이 글은 전 안흥면장이자 현 횡성군청 종합민원실장으로 있는 이창진 님께서 추천사로 써 주신 글입니다

안홍의 자연환경은 백두대간의 줄기인 매화산, 백덕산, 푯대봉 등 아름다운 산봉우리들에 둘러싸였고, 주천강과 상안천이 흐르고 있는 천혜의 자연경관으로 네 계절이 모두 아름답다. 아직도 깊은 산 골짜기에는 멧돼지와 고라니가 뛰놀고, 금강초롱꽃 원추리가 방긋이 미소 짓는 천연 동식물의 보고이다.

1970년 초, 내가 처음 안홍면에서 서기로 공직을 시작할 무렵에는 인구가 일만 명 안팎이었다가 그 동안 이농현상으로 지금은 삼천 명도 안 되는 아담한 고장이 되었다. 지난해 봄, 박도 선생이 어깨에 카메라를 매고 화사한 모습으로 면사무소를 찾아오셨다. 그분이 온 뒤로 나에게는 일거리가 하나 더 늘어났다. 그분이 틈틈이 올린 <안홍 산골에서 띄우는 편지> 기사를 인터넷에서 찾아서 출력한 뒤 파일에 담아 면장실 응접탁자에 두고서 오는 손님들에게 안홍면의 홍보자료 삼아 보여 드리는 일이었다. 그 글들은 나의 열 마디보다 더 효과가 있었다.

박도 선생은 40여 년 동안 서울에서 지낸 분인데도 마치 안홍에 오래 사는 이 같았고, 안홍 태생 못지않은 애정으로 이 고장의 자연과 풍물, 그리고 인정을 아주 재미있게 글에 담아서 온 세상에 알렸다. 연재 처음에는 단순한 고장 소개나 풍물 안내로 여겼는데 읽어갈수록 그게 아니었다.

<안홍 산골에서 띄우는 편지>는 저자의 오랜 인생 경륜에서 우러난 인생관과 생활철학, 역사관 등이 잘 드러난 글로, 한번 손에 잡으면 눈을 뗄 수가 없었다. 그뿐 만 아니라, 오늘날의 농촌 현실을 아주 있는 그대로, 마치 비디오로 찍듯이 그려내고 있다. 농촌의 심각한 이농문제, 교육문제, 농가소

득 문제, 결혼문제, 혼자 사는 노인문제, 환경오염문제 등등을 샅샅이 파헤쳐 농사꾼들이 겪는 어려운 점과, 이들이 하고 싶은 말들을 잘 대변해 주고 있다. 그러면서 때로는 촌철살인의 글로써 정상배를 꾸짖을 때는 박수도 보내고, 우매한 농사꾼을 껴안을 때는 함께 울고 웃음 지었다.

이창진 전 안흥면장

나는 박도 선생의 <안흥 산골에서 띄우는 편지>를 통하여 내 고장에 대한 사랑이 더욱 깊어졌고, 자연에 대한 소중함과 자연과 인간이 동화되는, 가장 사람답게 사는 법을 깨우치는 계기가 되었다. 특히 마흔여덟 번째 편지 "다람쥐와 보낸 가을날"을 아주 감명 깊게 읽었는데, 글도 좋았지만 다람쥐 사진이 너무 귀여웠다. 나도 사진 동호인인데 박도 선생의 카메라 다루는 솜씨도 보통이 아니다. 이 책 거의 매 쪽마다 나오는 사진은 독자들에게 또 하나의 즐거움을 줄 것이다.

나는 2003년에 안흥면장으로 부임하여 2년 동안의 임기를 마친 뒤, 올 1월 1일부터 횡성군 본청에서 근무하고 있다. 그분과 좀더 안흥에서 함께 지내지 못한 게 무척 아쉽다. 비록 안흥면장에서는 물러났지만 안흥에 대한 나의 사랑은 끊임없을 것이다. 안흥의 명물이요, 국민의 찐빵이 된 '안흥찐빵' 못지않게 <안흥 산골에서 띄우는 편지>도 많은 분들의 사랑을 받아서 안흥에 또 하나의 명품이 되기를 빌어마지 않는다.

2005년 3월

이창진(전 안흥면장, 현 횡성군청 종합민원실장)

한티재 하늘 1·2

권정생 지음/신국판/반양장 ①283쪽 ②297쪽/책값 각권 7,500원

　한국근현대사를 소재로 한 장편소설이다. 지난 1백여 년 동안 우리 겨레가 헤쳐 온 가시덤불을 뜨거운 사랑과 끈길진 생명력으로 뚫고, 온 하늘을 이고 나름대로 이쁘게 살다 죽어간 이름 없는 우리 민중들의 삶의 이야기이다. 그의 작품 속에서는 추한 것, 슬픈 것, 고통스러운 것들이 하나같이 아름답고 긍정적인 것으로 변하여 우리의 심금을 울리며 잔잔하게 감동의 도가니로 몰아넣는다.

한국독립운동의 해외사적 탐방기

윤병석 지음/신국판/반양장 350쪽/책값 10,000원

　평생을 독립운동사 연구에 종사하고 있는 인하대 윤병석 교수가 20여 년 동안에 걸쳐 두만강·압록강 너머의 남북만주 및 이와 인접한 시베리아 연해주를 비롯, 중국·러시아·일본·구미 지역 등 해외 독립운동이 펼쳐졌던 세계 곳곳을 망라, 수십 차례의 현장답사와 자료조사로 이루어낸 탐방조사 보고서. 그 동안 단편적 사실로만 이해하고 있던 해외 독립운동의 좀더 구체적인 실상을 풍부한 현장 사진들과 함께 싣고 있다.

독립군의 길따라 대륙을 가다

조동걸 지음/신국판/반양장 396쪽/책값 7,000원

　한국독립운동사 연구의 대가인 필자가 구한말 의병전쟁의 옛터, 남북만주, 연해주와 시베리아를 거쳐 모스크바에 이르기까지, 그리고 중앙아시아의 사막지대를 답사하면서 그곳 동포들과의 만남을 통해 우리의 잃어버린 현대사의 일부를 다시 정리한 이 책은, 전공자는 물론 일반인들에게도 큰 도움이 되도록 관련 화보를 실어 이해를 한층 높이고 있다.

신용하저작집 21
독도의 민족영토사 연구

신용하 지음/신국판/양장 337쪽/책값 13,000원

　저자 스스로 "진리를 탐구하는 학문의 원리와 학자적 양심을 바탕으로 이 문제에 접근했다"고 말한 바와 같이, 이 책의 글들은 철저하게 학문적이고 실증적이다. 수록된 여러 고문서와 고지도를 통해 우리는 저자의 인내와 노력, 그리고 학자로서의 성실성을 엿볼 수 있다. 따라서 앞으로 한국과 일본 사이에 독도 영유권 논쟁이 계속될 경우, 증명 이론과 논지뿐만 아니라 증거 자료들을 제시하는 자료집으로도 활용될 수 있을 것이다.